Astro

LOVE

Conception et réalisation graphique : Caroline Gioux

Illustrations : © Painterr - © SnipeScientist - © Designwork / Creative Market et © svetabelaya - © Dushen - © 3xy - © Mio Buono - © kisakot_art / Shutterstock

HarperCollins France
83-85 boulevard Vincent-Auriol,
75646 Paris Cedex 13
Tél. : 01 42 16 63 63

www.harpercollins.fr

ISBN 978-2-2804-5311-0

SHANA LYÈS

Astro LOVE

« I took the stars from my eyes and I made a map
And knew that somehow I could find my way back »

J'ai pris les étoiles de mes yeux et j'ai fait une carte
Et j'ai su que par n'importe quel moyen je pourrais
retrouver mon chemin

Cosmic Love,
Florence + The Machine

BIENVENUE DANS LE Club des Étoiles !

Chère étoile, viens ! Installe-toi à la place qui te paraît la plus confortable et lumineuse. J'espère que tu as de quoi écrire et que tu es venue avec tes deux amies : ouverture d'esprit et spiritualité. À travers ce livre, je t'invite à entrer dans l'univers des astres avec poésie, humour et un zeste de magie ! Le karma est également au rendez-vous, il a simplement un peu de retard, comme à chaque fois.

Avant de commencer à partager avec toi tout ce que j'ai appris et découvert sur le monde magique de l'astrologie, j'aimerais te remercier du fond du cœur. Le 1er septembre 2019, quand j'ai lancé les « minicours » d'astrologie via une infolettre hebdomadaire, je ne m'attendais pas à ce que cela suscite autant de joie et d'engouement. Très vite, les inscriptions se sont multipliées, le bouche-à-oreille s'est mis en place par-delà la petite Belgique, et les étoiles françaises, suisses et même canadiennes et africaines sont venues jusqu'à moi pour s'inscrire sur la plate-forme tout en allant s'abonner à Instagram. Je ne le savais pas encore, mais c'était le début d'une nouvelle aventure qui allait changer ma vie !

Apparemment, je n'étais pas la seule à être en pleine remise en question personnelle fin 2019... Et les événements qui ont bousculé notre année 2020 n'ont fait qu'accroître notre besoin de trouver des outils de développement personnel et de compréhension de soi. Il y a, en nous tou·te·s, une volonté de trouver le moyen de s'aligner à son soi profond et d'avancer sur un chemin qui nous ressemble davantage tout en nous permettant de nous épanouir sereinement.

Et puis… je sais que je ne suis également pas la seule qui en a marre de voir défiler les clichés et les plus gros stéréotypes collés à nos signes astrologiques ! Astrolya est née de mon envie de parler de la vraie astrologie – celle de la (re)découverte de soi –, de montrer à quel point elle peut révéler des informations très justes et très profondes sur chacun.e. Car, en plus de nous aider à mieux cerner notre tempérament, elle permet de mettre des mots sur nos maux et d'obtenir de précieuses pistes pour guérir certaines blessures ou soulever des blocages. Et c'était cela qui importait le plus à mes yeux : dévoiler auprès du plus grand nombre le vaste monde des astres et le lien entre l'humain et le cosmos.

Grâce à toi et aux milliers d'autres étoiles qui partagent ma passion de l'astrologie et qui souhaitent se (re) découvrir à travers les astres, on a décidé, avec Sophie Lagriffol – responsable éditoriale chez HarperCollins France –, de prendre la suite des minicours d'astrologie à travers un projet de livre qui serait consacré à l'un des secteurs qui intéressent le plus les étoiles en quête de réponses : l'amour !

Astrolove, c'est donc un condensé de tout ce que l'astrologie peut t'apporter dans ta quête et ton exploration de l'amour. Tu y trouveras les informations et connaissances concrètes sur l'astrologie afin de mieux comprendre ton profil astral et toute la complexité de ta personnalité mais aussi des exercices pratiques et des rituels pour explorer ton approche de l'amour et t'ouvrir à tes désirs profonds. Que tu sois célibataire ou en couple, page après page, tu découvriras de précieux outils pour questionner ton rapport à l'amour, aux relations sentimentales et aux autres.

Nous avons veillé à rendre les informations aussi accessibles que possible mais, comme tu vas le découvrir, l'astrologie est un outil riche et complexe ! C'est une discipline qui se travaille quotidiennement ; elle demande du temps et de la pratique avant d'être intégrée et de devenir instinctive. Si tu bloques sur un concept ou un élément, remets les choses à plus tard, lorsque tu seras plus reposée. Chaque personne a son rythme, et il est essentiel que tu écoutes le tien. Et, si jamais tu ressens le besoin d'échanger, tu peux venir poser tes questions sur « Le Club des Étoiles » sur Facebook : tu es la bienvenue dans cette communauté d'étoiles montantes réunies pour partager et discuter de l'astrologie et de la spiritualité. J'y participe régulièrement pour transmettre mes bonnes astuces et mes conseils : je suis convaincue que plus il y aura d'étoiles, et plus la galaxie rayonnera...

Je t'embrasse et je te souhaite une bonne lecture,

SHANA,

ton astrologue bien-aimée

Sommaire

L'astrologie, un outil de développement personnel 17

L'ASTROLOGIE, C'EST QUOI ? 19
Histoire de l'astrologie (en bref) 19
Au final, l'astrologie, c'est quoi ? 23
Questions d'étoiles 26
Vrai ou faux ? 29

L'ASTROLOGIE ET MOI 32
Le signe solaire, l'essence du Moi 33
Les énergies des 12 signes du zodiaque 35
Feu, terre, air et eau : les éléments de la ronde astrale 60
Le thème natal, le minicosmos
qui gouverne le «moi intérieur» 64
Les 12 maisons zodiacales 65
Les planètes : les vraies stars de ton ciel 69
Les astéroïdes, des messagers du karma 83
Mon thème natal 88
Ma fiche d'identité astrologique 92
Confessions entre étoiles 94
Rituel pour se reconnecter à sa spiritualité
et aux étoiles 97
Les pierres du zodiaque 102

L'astrologie, un conseiller sentimental

L'astrologie, un conseiller sentimental 115

QUELLE AMOUREUSE SUIS-JE ? 117

L'amour sous ton Soleil 118

Les signes astrologiques et les émotions 131

Vrai ou faux ? 135

Ce que dit l'astrologie de ta destinée amoureuse 138

Âme sœur ou âmes sœurs ? 139

Quelle amoureuse es-tu ? 141

Analyse du profil amoureux : ascendant et descendant 141

Analyse du profil amoureux : Vénus, Mars et la Lune 146

Confessions entre étoiles 152

Mes planètes et moi 155

Les pierres de l'amour 156

TROUVER L'AMOUR SOUS LES ASTRES 162

Rétrogradation amoureuse : du côté des ex 163

Analyse de mes ex 165

Comment est ton ex selon son signe astro ? 169

Le bonheur est au sommet de la pyramide 170

Je pose mes intentions amoureuses 176

Quel élément pour mon·ma partenaire ? 183

Les différences entre énergies féminine et masculine selon les signes astro 188

Où chercher l'amour selon ton signe ? 195

Les signes astrologiques et leurs lieux préférés 197

Ma rencontre idéale 198

Comment séduire ton crush selon son signe ? 199

Les signes sur les applications de rencontres 204
Rituel pour accueillir et attirer l'amour 208
Ton philtre d'amour 212

L'astrologie, une bonne étoile pour tous les amoureux de la Galaxie 217

La compatibilité entre les éléments 219
Compatibilité entre les signes : cas particuliers 221
Les couples de ton entourage 223
Études de cas sous les étoiles : les couples emblématiques 227
Katy Perry et Orlando Bloom 227
Beyoncé et Jay-Z 229
Kim Kardashian et Kanye West 231
Vrai ou faux ? 233
La clé du couple est dans les étoiles : la synastrie 236
La synastrie : mode d'emploi 237
Les conjonctions 237
Les interaspects 240
Les incompatibilités 242
Les indices des relations qui sont favorisées par les astres 243
Ma carte de l'amour 244
Fiche d'identité de ma synastrie 245
La communication est la clé, même en astrologie 247
La destinée amoureuse 251
La rencontre d'une âme sœur 252

La rencontre karmique 253
Les autres cartes du ciel de l'amour 257

CONCLUSION - L'AMOUR ASTRAL 261

RITUEL : LE TIRAGE DE L'AMOUR 264

GLOSSAIRE 267

REMERCIEMENTS 285

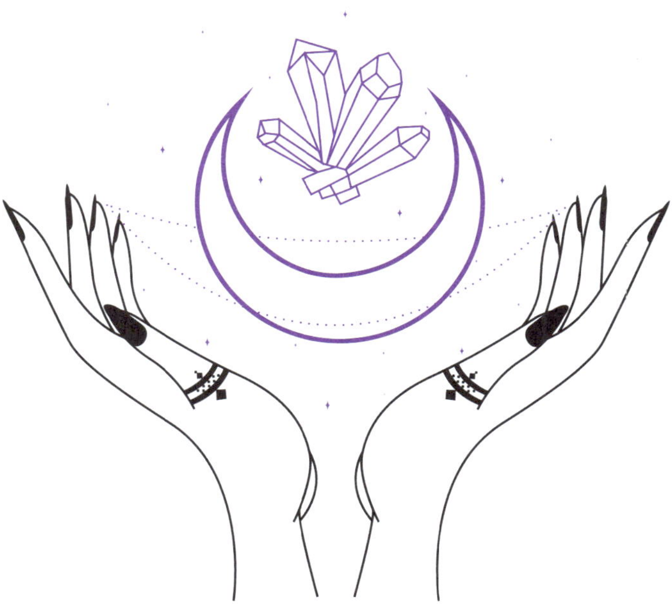

Chère étoile,
Tu es une partie d'un tout
Tu n'es jamais très loin de la source
Solaire et astrale est ta course
Ton minicosmos, qui sommeille au fond de toi,
est ton atout
Il te suffit de le réveiller
Pour (re)découvrir ta personnalité

L'astrologie, un outil de développement personnel

UN CADEAU VENU DU CIEL

Ma belle étoile, le pouvoir des étoiles se loge dans ton cœur.

Il te guide déjà au quotidien.

Parfois, il te rend la vie facile en ouvrant ton champ des possibles et en favorisant certaines situations. Tandis qu'à d'autres moments il tend à te faire saisir une leçon de vie en chamboulant ton quotidien et en te faisant sortir totalement de ta zone de confort. Car même dans le malheur surgissent du positif et de puissants apprentissages : comme tout le monde, tu as une ou plusieurs bonnes étoiles qui veillent sur toi et qui restent attentives à tes besoins, à tes désirs les plus profonds et à ton évolution.

Les astres ne déterminent pas ta vie, mais ils coécrivent avec toi ton chemin de vie.

Si tu es sur cette Terre, mon amie, c'est que les astres ont jugé bon de te faire venir ou revenir pour t'enseigner des leçons qui te permettront d'évoluer et de réveiller tout ton potentiel. Le fait que tu sois née dans un contexte social et historique précis, prématurément, après terme ou à une heure particulière de la journée n'est pas le fruit du hasard. Car, à ce moment précis, lors de ta naissance, le ciel était truffé d'informations capitales pour que tu puisses comprendre qui tu es, quel va être ton chemin et quels seront les événements, les rencontres et les défis qui le jalonneront.

Ensemble, nous allons partir à l'exploration de cette carte de ton territoire personnel.

L'astrologie, c'est quoi ?

HISTOIRE DE L'ASTROLOGIE (EN BREF)

Parlons ensemble du commencement du commencement… Car, pour mieux comprendre cette discipline qui semble savoir tant de choses sur notre personnalité mais qui est aussi une pratique souvent décriée, il nous faut revenir aux origines mêmes de son apparition.

C'est en Mésopotamie qu'ont commencé l'étude du ciel et les observations méthodiques du mouvement des astres. Convaincus de leur influence concrète sur les humains – via notamment l'observation des marées et des changements de saison – et les grands événements de nos civilisations, les Mésopotamiens ont dressé une première carte du ciel, identifiant sept astres errants et une soixantaine de constellations, dont ils regroupèrent les douze plus importantes dans une ceinture dite « du zodiaque », qui sera illustrée plus tard par les Babyloniens. Ils calculèrent des cycles et des périodicités dont ils tirèrent un premier calendrier (au milieu du IIIe siècle) ; nous leur devons aussi le cadran des horloges !

Les premiers écrits sur l'astrologie occidentale remontent à 5000 ans av. J.-C. en Mésopotamie.

Si l'astronomie est née de l'envie de décrypter les mystères du ciel, l'astrologie s'est imposée comme la traduction concrète de ces derniers. La forme sous laquelle on la pratique de nos jours est apparue 3000 ans av. J.-C. Elle se diffuse alors tout autour de la Méditerranée et devient un outil prisé et reconnu chez les Romains et les Grecs – qui l'adjoignirent à la géométrie et aux sciences mathématiques –, puis en Égypte.

Le terme « zodiaque » vient du grec « *zodion* » qui signifie « petite figure animale ». La majorité des signes du zodiaque est d'ailleurs représentée par une constellation qui fait référence à différents « animaux » (Bélier, Taureau, Poissons, Scorpion...).

À Rome, elle deviendra moins religieuse, plus structurée et donc plus populaire et accessible. Elle est considérée dans le cadre de l'astronomie mais aussi celui de la religion, pour être finalement rétrogradée au rang d'art divinatoire et être délaissée à la fin de l'Empire romain à cause de son caractère jugé peu rationnel : son déclin est précipité par le développement du christianisme.

Paradoxalement, c'est saint Thomas d'Aquin qui réconcilie l'Église et l'astrologie ; il distingue néanmoins l'astrologie naturelle (utilisée pour l'agriculture, la navigation et la médecine) de l'astrologie divinatoire, interdite car inspirée par le démon. Dans l'astrologie médicale, chaque signe astrologique est lié à un ou plusieurs organes du corps humain ; l'observation du thème natal d'une personne et du placement de ses planètes permet de voir et de (pré)voir ses potentiels symptômes et difficultés sur le plan de la santé. Cette astrologie médicale puise ses racines dans les théories et pratiques d'Hippocrate, médecin grec de l'Antiquité.

Des années plus tard, Catherine de Médicis, fervente croyante en l'astrologie et conseillée notamment par le célèbre Nostradamus, contribuera à remettre cette discipline sur le devant de la scène et à populariser le statut de médecin-astrologue... D'ailleurs, on peut observer au cours de l'histoire que les grands dirigeants du monde entier ont souvent fait appel à des astrologues pour qu'ils les aident à prendre certaines décisions politiques. Il est dit que c'est toujours le cas aujourd'hui... Au XIXe siècle, elle renaîtra grâce à la mode de l'occultisme, et elle se démocratisera au XXe grâce à l'horoscope de masse et l'astro-psychologie.

En parallèle de l'évolution
des sociétés humaines,
l'astrologie subsiste car elle offre des clés
de compréhension des relations sociales
et des personnalités individuelles.
Souvent critiquée et moquée,
elle se maintient au fil des siècles
tant elle parle à notre cœur
et notre âme.

Aujourd'hui, l'astrologie, qui est souvent désignée comme une « pseudo-science », se rapproche de plus en plus de la psychologie et de l'étude des personnalités. Outre son histoire en Occident, elle s'est développée dans de multiples cultures, comme le montrent l'astrologie chinoise, l'astrologie védique en Inde, l'astrologie des Mayas, l'astrologie celtique, etc. Si elles partagent toutes un socle commun, chaque culture a apporté sa richesse et sa spécificité ; en Europe, l'astrologie qui domine est celle dite « humaniste » car elle crée un lien direct entre le cosmos et l'être humain.

AU FINAL, L'ASTROLOGIE, C'EST QUOI ?

L'astrologie se base sur la représentation de la course solaire initiant les saisons pour analyser l'influence de ces saisons sur la personnalité des individus. Pour cela, elle s'appuie sur notre calendrier annuel de 365 jours, divisé en 12 mois, 4 saisons et 52 semaines.

Ainsi, le fait que tu sois Balance, le signe de l'équilibre, signifie que tu es née entre le 23 septembre et le 22 octobre, c'est-à-dire à une période de l'année pendant laquelle le temps de clarté (le jour) et la nuit sont égaux. Si tu es Bélier, tu es née entre le 21 mars et le 20 avril : c'est la période qui représente la fin de l'hiver, le rallongement des journées et le réveil de la nature. Et, enfin, si tu es Cancer, tu es née à la période la plus ensoleillée de l'année. Et ainsi de suite… Ces indications concernant les saisons influenceraient la construction de la personnalité d'un individu : la Balance est indécise, le Bélier est fonceur, le Cancer est plutôt tendre et agréable…

LE SAVAIS-TU ?

En 2015, la mention de la constellation du Serpentaire dans une émission de vulgarisation scientifique de la BBC a remis en question la structure de l'astrologie en invoquant l'existence d'un 13e signe du zodiaque, le Serpentaire, qui viendrait donc décaler tous les signes. Le Serpentaire correspond bel et bien à une constellation, mais elle ne fait pas partie de celles qui sont utilisées en astrologie depuis des millénaires pour décrypter les personnalités des individus...

Grâce à l'astrologie, on peut donc dresser le portrait d'une personne et mettre en exergue ses atouts et ses points d'amélioration. Elle offre ainsi une grille de lecture de sa personnalité et un outil de développement personnel pour mieux apprendre à se connaître et travailler sur soi-même.

Pour autant, elle ne dicte pas ton destin : l'astrologie ne se veut pas déterministe. Comme un guide qui vient souligner nos points de lumière et nos parts d'ombre, elle nous propose de nous regarder sous un autre angle, avec du recul et de la bienveillance, et nous invite à nous reconnecter à notre spiritualité et à nous-même. Pour cela, elle nous incite à regarder derrière nous, mais aussi devant nous, dans les angles morts où on oublie régulièrement de jeter un œil. Dès lors qu'on s'ouvre à ses cadeaux et qu'on devient capable de l'écouter et de comprendre ses messages, ses rappels et ses alertes, elle offre des solutions et des clés de compréhension de sa propre vie.

Lorsque tu te trouves face à un événement ou un obstacle constitutif de ton thème astral, n'oublie pas que rien n'est immuable. Les choses peuvent changer, s'améliorer et être travaillées de ton côté. Du moment que tu en as pris conscience et que tu décides de t'y mettre, il n'y a aucune fatalité. Un obstacle peut être surmonté très rapidement, mais d'autres fois cela demande des mois de patience et de persévérance, surtout lorsqu'il s'agit de déconstruire des schémas et des comportements qui te sont si familiers et intériorisés qu'ils peuvent paraître innés.

Enfin, l'astrologie n'est pas à envisager comme une parole toute-puissante et de mauvais augure qui annonce de grands malheurs et détermine les domaines que tu ne peux ou que tu ne dois pas exploiter. Elle t'indique simplement ce qui t'est le plus favorable et les domaines, les moments, qui te demanderont plus d'efforts et d'énergie. Si cette pratique – ou plutôt ce langage – nous parle tant et revient sur le devant de la scène aujourd'hui, c'est parce qu'elle met l'accent sur l'exploration personnelle et la connaissance de soi, deux thématiques très valorisées dans notre société qui prône l'épanouissement individuel comme condition d'accès au bonheur.

QUESTIONS D'ÉTOILES

L'astrologie suscite beaucoup d'interrogations ; aussi, je te propose de découvrir mes réponses à celles que je reçois le plus fréquemment.

EN QUOI EST-CE QUE L'ASTROLOGIE PEUT M'AIDER À ARRANGER MES SOUCIS DU QUOTIDIEN ?

L'astrologie est un outil de développement personnel, c'est-à-dire qu'elle fournit des clés et des informations pour partir à la découverte de son fonctionnement individuel. Sa mise en pratique, en bonne et due forme, permet de décrypter sa personnalité et, notamment, d'identifier pour chaque personne ce que j'appelle les « points forts » et les « points d'amélioration ». En utilisant le thème natal – également appelé thème astral – , que je perçois comme les bases et les fondations de l'essence même de chaque personne, il est possible de distinguer quels sont les potentiels blocages ou les blessures émotionnelles que tu pourrais avoir ou rencontrer, le secteur qui te mettra le plus à l'épreuve au cours de ta vie, les domaines du quotidien qui te challengeront… Mais, surtout, l'astrologie fournit de précieux indices sur les solutions et ressources à mobiliser pour résoudre ces problèmes !

Comme je le dis toujours : reconnaître ses défauts et prendre conscience de ses points faibles est déjà une manière de travailler dessus. Partir à l'exploration de soi-même est donc essentiel pour résoudre les problèmes extérieurs, et l'astrologie est un guide merveilleux pour t'accompagner dans cette quête.

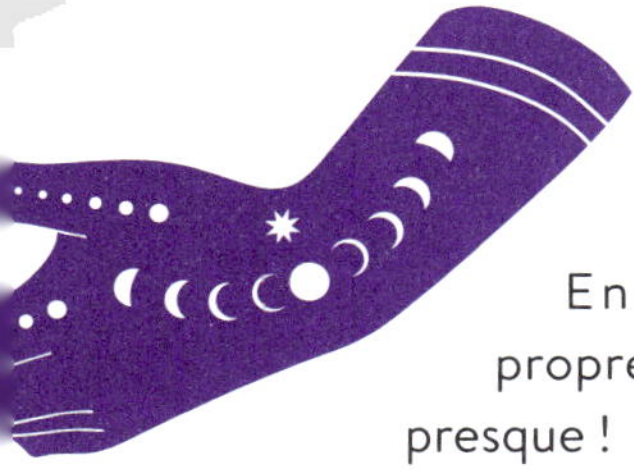

COMMENT L'INTÉGRER DANS MA VIE DE TOUS LES JOURS ?

En devenant ta propre astrologue – ou presque !

Exit l'horoscope quotidien, diffusé chaque jour à 7 heures du mat sur astro-et-moi.com ; en connaissant les trois clés de ta personnalité, les points marquants de ton thème astral et en sachant de quelle façon ton tempérament se construit à partir de cela, tu pourras mieux comprendre comment tu fonctionnes et ainsi réagir de la manière la plus adéquate aux différentes situations qui se présentent à toi. Et, bien évidemment, tenter de t'améliorer au quotidien.

EST-CE QUE TOUT EST ÉCRIT DANS LES ÉTOILES ?

Je ne dirais pas cela, je dirais plutôt que des prédispositions « à faire certaines choses » sont indiquées sur ta carte du ciel. Chaque personne peut choisir de saisir ces opportunités pour coécrire son histoire de vie ou de déléguer cela à sa prochaine réincarnation. Tu as les clés, il ne tient qu'à toi de les utiliser.

POURQUOI EST-CE QUE JE RENCONTRE TOUJOURS LE MÊME TYPE DE PROBLÈMES ET/OU DE PERSONNES ?

Connais-tu l'expression « Je ne fais jamais la même erreur deux fois. Non, je la fais cinq ou six fois pour être sûre ! » Eh bien, c'est un peu cela. Les étoiles sont patientes et persévérantes : tant que tu n'auras pas compris une leçon, elles feront en sorte que tu te retrouves dans la situation propice à son apprentissage.

Si tu ne comprends pas ce qu'il y a à changer ou à modifier, tu rencontreras des expériences similaires, mais de plus en plus intenses et exacerbées, jusqu'à ce que tu identifies ce qu'il y a à améliorer et que tu décides de travailler dessus. C'est la condition pour que tu puisses évoluer sereinement vers le prochain chapitre de ta vie.

COMMENT L'ASTROLOGIE PEUT-ELLE M'AIDER DANS MES RELATIONS AVEC LES AUTRES ?

L'astrologie peut t'accompagner pour mieux comprendre la manière dont tu interagis et te connectes – ou non – avec l'autre.

Elle te donne des informations sur le type de relations (amicales ou amoureuses) que tu cherches à construire, sur leur place dans ta vie mais aussi sur les qualités que tu recherches chez les autres, ce qui t'attire, ce qui est essentiel pour toi (ou rédhibitoire !), ainsi que sur les rencontres karmiques[1] que tu pourrais faire au cours de ton existence et sur ton partenaire de vie idéal.

PEUT-ELLE RÉELLEMENT PRÉDIRE CERTAINES CHOSES ?

Oui. Tout à fait, il y a même une branche de l'astrologie consacrée aux prévisions : l'astrologie prédictive. Par exemple, la plupart des astrologues s'accordaient à dire que l'année 2020 marquerait un grand tournant caractérisé par des événements qui bouleverseraient l'ordre mondial. Cela s'applique également à ton thème personnel : un bon placement de Vénus et du Soleil peut annoncer une rencontre amoureuse, un mariage... tout comme un bon placement de Jupiter peut indiquer un succès professionnel. Cela étant dit, si ton thème natal est considéré comme les fondations de ta personnalité, sache que les planètes sont en constant mouvement – ce qui impacte également ton évolution personnelle. Les prédictions de ton thème astral ne sont donc pas inéluctables et peuvent être amenées à changer.

1. Une rencontre karmique est une rencontre avec une âme que tu as déjà connue dans une autre vie. (Toutes les notes sont de l'autrice.)

VRAI OU **FAUX ?**

Voici de quoi tester tes connaissances sur la pratique de l'astrologie et son histoire à travers les siècles. (Les réponses se trouvent à la page suivante.)

1. L'astrologie est une croyance qui fait partie de la culture populaire.

Vrai - Faux

2. Les premiers écrits sur l'astrologie ont été retrouvés il y a plus de 7000 ans.

Vrai - Faux

3. Le mot « zodiaque » vient du grec.

Vrai - Faux

4. Le signe ascendant prend toujours le pas sur le signe astrologique quand on vieillit...

Vrai - Faux

5. L'astrologie a servi à définir les calendriers et l'heure tels que nous les connaissons aujourd'hui.

Vrai - Faux

6. L'horoscope et l'astrologie représentent la même pratique.

Vrai - Faux

7. L'astrologie est un outil qui te permet de cocréer ton quotidien.

Vrai - Faux

8. Le Serpentaire est un signe astrologique.

Vrai - Faux

1. Faux

L'astrologie n'est pas une croyance mais un « langage » qui permet de mieux se comprendre entre êtres humains. C'est également un outil de développement personnel qui permet de reconnaître un lien entre l'âme et le cosmos.

2. Vrai

Les premiers écrits sur l'astrologie occidentale remontent à 5000 ans av. J.-C. en Mésopotamie.

3. Vrai

Le mot « zodiaque » vient du mot grec « *zodion* ».

4. Vrai et faux

Le signe ascendant peut dominer – ou pas – dans la personnalité d'un individu selon son thème natal. Certain·e·s se reconnaîtront très nettement (et de plus en plus en vieillissant) dans leur signe ascendant, tandis que d'autres ne s'identifieront que très peu à ce dernier. Comme souvent en astrologie, il n'y a pas une seule règle qui s'applique pour toutes et tous : cela dépend des placements des planètes sur le thème natal.

5. Vrai

Nos ancêtres ont été très intrigués lorsqu'ils ont remarqué que la lunaison influençait les marées et les comportements des animaux. Le cycle lunaire n'est pas le plus stable car il varie entre 29 et 30 jours, mais il a servi de base pour la conception du calendrier grégorien, que la majorité des habitants de la Terre utilisent et qui fut créé à la fin du XVIe siècle.

6. Faux

L'horoscope ne prend en compte que le signe solaire (astrologique) d'une personne pour « prédire » des événements qui peuvent lui arriver, alors que l'astrologie prend en compte chaque élément du thème astral.

7. Vrai

L'astrologie n'est pas déterministe ; si elle donne des indications « pour faire avec », elle n'impose rien et nous laisse maître·sse·s de nos choix. Les astres sont bien trop occupés pour intervenir dans notre vie en permanence !

8. Faux

Le Serpentaire est une constellation mais ce n'est pas un signe astrologique. Il ne fait pas partie de la course solaire des douze signes.

L'astrologie et moi

Tu l'as compris, l'astrologie te propose un outil ludique pour explorer ta personnalité. Elle te permet de mieux comprendre certaines de tes contradictions, elle met en lumière tes talents uniques et elle te propose de prendre du recul sur tes défauts et imperfections. Cette pratique te permet aussi de te regarder toi-même avec bienveillance, d'apprendre à reconnaître tes dons, de les nourrir et de voir sous un nouveau jour tes points d'amélioration. Rien que le fait de réfuter un trait de caractère de ton signe astrologique qui ne te correspond pas, ou d'admettre qu'il est juste, est déjà une démarche de développement personnel… Car le fait de comprendre ce qui te caractérise et quel rôle tu joues dans diverses situations te permet de te (re)découvrir.

LE SIGNE SOLAIRE, L'ESSENCE DU MOI

Tu connais ton signe astrologique depuis ton enfance… Mais tu n'avais peut-être pas entendu parler de signe ascendant, de signe lunaire ou encore de ton thème astral avant de tenir ce livre en main. Pourquoi ? Parce que ce qu'on appelle communément le signe astrologique correspond en fait au « signe solaire », c'est-à-dire à la position du Soleil au jour et à l'heure de ta naissance. Le Soleil est l'astre le plus rayonnant de ton thème astral, il est dit qu'il représente à lui seul environ un quart de la personnalité d'un individu. C'est la raison pour laquelle c'est toujours ce signe qui est mis en avant pour commencer à interpréter ton tempérament.

LE SAVAIS-TU ?

Si tu es née sur la « cuspide », ce qui veut dire « entre deux signes astrologiques », tu n'as qu'un signe solaire. Tu ne peux pas être née sous deux signes différents à la fois. C'est ton heure de naissance qui définira quel est ton signe solaire. Il est possible que tu aies tout de même des caractéristiques des deux signes car ton Soleil sera influencé par leurs deux énergies.

ET MOI ?

Pour déterminer ton signe solaire, je t'invite à te rendre sur le site Astrotheme.fr, dans la rubrique « Personnalité », puis « Ascendant et thème astral ».

Quand tu compares ta personnalité avec les grandes caractéristiques de ton signe solaire, il est important de garder en tête qu'on parle d'une « énergie de base » : elle correspond à une partie de toi, mais elle ne te définit pas entièrement. Il est donc essentiel de savoir comment tu te positionnes face à ce signe astrologique. Est-ce que tu sens fortement son influence sur ta manière d'agir au quotidien ? Si oui, c'est que ton signe solaire est dans un placement fort sur ton thème natal et que d'autres planètes de ta carte du ciel se trouvent sûrement dans ce signe et viennent ainsi renforcer son énergie ou que des aspects[1] lui sont favorables ; on parlera alors d'énergie haute. Si, au contraire, tu as du mal à te reconnaître à travers lui, c'est sûrement parce que ton signe solaire n'est pas à son avantage sur ton thème : même s'il est présent dans ta carte du ciel, son énergie est basse.

1. En astrologie, un aspect nous renseigne sur les interactions entre deux planètes ; il précise les relations qui les unissent (conflit ou harmonie) et l'impact qu'elles ont sur les énergies des planètes concernées. Il est déterminé par l'écart angulaire entre les planètes.

LES ÉNERGIES DES 12 SIGNES DU ZODIAQUE

Voici un petit mémo concernant les énergies caractéristiques des 12 signes astrologiques.

Les dates des périodes zodiacales que tu retrouveras ici sont les dates les plus utilisées en astrologie. Il faut savoir qu'elles peuvent varier d'environ un jour, notamment lors des années bissextiles. En 2020, par exemple, il y a des Bélier du 20 mars et des Sagittaire du 21 novembre. C'est l'heure de naissance qui détermine alors le signe astrologique précis.

Le Bélier

21 mars * 20 avril

Premier signe du zodiaque, signe de feu et d'ego, le Bélier annonce, dès le 21 mars de chaque année, le début du printemps et le commencement de la roue zodiacale.

Il est donc considéré comme un signe cardinal, premier signe de sa saison, c'est ce qui influence directement sa prise de décision : le Bélier réfléchit vite et agit de manière impulsive.

Le début du printemps est une période à risques : les gelées peuvent toujours réapparaître, mettre en danger les jeunes pousses et les bourgeons ainsi que causer des problèmes de santé. C'est la raison pour laquelle le Bélier, fier, avec ses cornes, est toujours prêt pour le combat ou pour contre-attaquer. Il est vif, dynamique, a une bonne santé, mais il est en recherche constante de son identité car il ne sait pas encore si l'été lui sera favorable.

TU ES UNE VRAIE **BÉLIER** SI :

- Tu es simple et franche
- Tu es dynamique, une vraie sportive
- Tu réfléchis vite et tu es impatiente
- Tu aimes faire rire ceux qui t'entourent
- Tu as un côté leader et entreprenant
- Tu adores le challenge et la compétition
- Tu as une volonté de fer
- Tu peux te montrer très courageuse

Le Taureau

21 avril * 20 mai

Deuxième signe du zodiaque, signe de terre et de stabilité, le Taureau représente l'épanouissement de la nature, l'éclosion des fleurs et des bourgeons. Il symbolise le printemps dans toute sa splendeur avec la période des amours, apaisante et ressourçante.

Ce signe représente la force, la stabilité, la sécurité et le romantisme.

Le Taureau est un être particulièrement épicurien qui aime les bonnes et les belles choses, très terre à terre, c'est la raison pour laquelle on dit qu'il est matérialiste. Il se sent en harmonie avec la nature et est extrêmement dévoué envers ses proches. C'est un bâtisseur.

TU ES UNE VRAIE **TAUREAU** SI :

- Tu es une épicurienne
- Tu es calme et patiente
- Tu aimes prendre ton temps et savourer la vie
- Tu as un côté romantique
- Tu as bon goût (en mode, en décoration, en cuisine...)
- Tu es très têtue
- Tu es fidèle, honnête et loyale
- Tu peux te montrer très rancunière

Le Gémeaux

21 mai * 20 juin

Troisième signe du zodiaque, le Gémeaux est le signe d'air qui annonce l'approche de l'été.

Les jours rallongent, le soleil est de plus en plus présent.

Cela influence le tempérament plutôt léger et insouciant de ce signe. Il s'adapte facilement au changement et aux personnes. Il possède un don pour la communication et les moments conviviaux ; en effet, c'est la saison où les gens sortent davantage et fêtent l'arrivée du temps plus favorable. Les grandes discussions égayent ceux qui y prennent part. Signe très sociable et apprécié, son côté lunatique peut néanmoins le faire changer rapidement d'humeur, tout comme les longues journées de fin de printemps laissent brusquement place à des nuits encore fraîches.

TU ES UNE VRAIE **GÉMEAUX** SI :

- Tu es très sociable
- Tu es très ouverte d'esprit
- Tu n'es pas rancunière
- Tu es toujours disponible pour faire la fête
- Tu adores travailler en groupe
- Tu es douée avec les nouvelles technologies
- Tu es accro aux contacts sociaux
- Tu as peur de te faire rejeter socialement

Le Cancer

21 juin * 22 juillet

Quatrième signe du zodiaque, le Cancer est le premier signe d'eau. Il est porteur de bonnes nouvelles : de nombreux bébés sont conçus durant son mois de naissance, et ce n'est pas pour rien ! Sa saison représente la période la plus lumineuse de l'année et l'annonce des vacances d'été.

Le Cancer est craintif car la météo est un peu changeante à cette période de l'année. Il développe donc une grande intuition qui lui sert au cours des périodes plus « instables », notamment lors des intempéries. Ce signe a un grand sens de l'hospitalité, de la famille et des traditions. Il fera tout pour protéger les siens et permettre leur épanouissement. Il ne doit simplement pas oublier de prendre également soin de lui.

TU ES UNE VRAIE **CANCER** SI :

- Tu es une confidente
- Tu es sensible et délicate
- Tu adores rester au calme chez toi
- Tu as un don avec les enfants
- Tu peux manipuler les autres pour éviter les conflits
- Ta famille est ton pilier dans ta vie
- Tu es naturellement affectueuse
- Tu as un côté solitaire

Le Lion

23 juillet * 22 août

Cinquième signe du zodiaque, le Lion est un signe de feu qui naît à la période la plus chaude de l'année. Cette époque de l'année dédiée à l'abondance et aux plaisirs chez les êtres humains : cueillette, récolte et couvre-feu tardif.

Ce signe est représenté par la planète-étoile : le Soleil.

L'analogie avec le roi des animaux est significative : le Lion rayonne et en impose. Il est chaleureux, généreux, mais un tantinet égocentrique : il aime se rendre indispensable. Il a peur de ne pas être reconnu pour ses qualités. Cependant, il apprend à s'aimer et à cultiver son amour-propre pour mieux aimer son prochain.

TU ES UNE VRAIE **LION** SI :

- Tu es une leader-née
- Tu es chaleureuse et généreuse
- Tu adores inviter les gens chez toi
- Tu as un don pour te faire apprécier des autres
- Tu es très têtue et braquée sur tes idées
- Tu as un côté jaloux et possessif
- Tu es plutôt rationnelle
- Tu es la cheffe de ton groupe de potes

La Vierge

23 août * 22 septembre

Sixième signe du zodiaque, la Vierge est le signe de terre qui annonce un changement de saison : le temps se rafraîchit et s'adoucit, les jours raccourcissent, les premiers coups de froid apparaissent.

C'est la raison pour laquelle la Vierge contre-attaque avec une capacité d'analyse pointue, une organisation impeccable et une bonne gestion des tâches quotidiennes. Elle est parée face à tout problème et elle excelle dans la résolution des soucis du quotidien. Elle a du mal à accorder sa confiance et ne se fie qu'à elle-même la majorité du temps. Cependant, elle est capable de se souvenir des moindres détails d'événements vécus ou entendus.

TU ES UNE VRAIE **VIERGE** SI :

- Tu adores conseiller tes amis
- Tu peux te montrer très critique
- Tu analyses tout, genre vraiment tout
- Tu aimes corriger la grammaire et l'orthographe des autres
- Tu es modeste
- Tu es perfectionniste
- Tu peux manquer de confiance en toi
- Tu as une excellente mémoire

La Balance

23 septembre * 23 octobre

Le septième signe du zodiaque est le signe d'air qui marque le début de l'automne. D'un tempérament sociable, jovial et indécis, la Balance sait comment se faire aimer des autres.

L'automne s'installe doucement, ainsi que ses couleurs chatoyantes. Les jours sont en équilibre : jour et nuit sont égaux.

La Balance est le signe de l'esthétique, de l'art, mais aussi de l'équilibre et de l'impartialité. Elle aime ce qui est beau, attache une grande importance aux relations qu'elle noue et ne supporte pas l'injustice.

Elle a du mal à prendre des décisions mais, quand elle est décidée, rien ni personne ne l'arrête.

TU ES UNE VRAIE **BALANCE** SI :

- Tu es très sociable et diplomate
- Tu détestes l'impolitesse et la vulgarité
- Tu es passionnée par tout ce qui touche à l'art
- Tu aimes prendre ton temps pour faire un choix
- Tu es douée pour mettre les autres à l'aise
- Tu adores complimenter les gens
- Tu peux être dépendante affectivement
- Tu as un grand sens de la justice

Le Scorpion

24 octobre * 22 novembre

Le huitième signe du zodiaque, le signe d'eau du milieu de l'automne, possède un tempérament déterminé, courageux et intense. C'est un être authentique, mais qui peut basculer dans les extrêmes.

Le Scorpion annonce la période la plus grise mais aussi la plus magique de l'année puisqu'elle est encadrée par Samhain (Halloween) et Noël. La nature se meurt petit à petit pour renaître au printemps de l'année suivante.

Le Scorpion est un signe qui a une capacité de création et d'autodestruction immense. Il détruit pour mieux reconstruire. C'est grâce à cette faculté qu'il se régénère si facilement après un choc émotionnel ou une grave blessure.

TU ES UNE VRAIE **SCORPION** SI :

- Tu as de hauts standards et des principes
- Tu es extrêmement déterminée
- Tu es (trop) passionnée
- Tu adores tout ce qui touche à l'ésotérisme et la spiritualité
- Tu as une aura magnétique et ténébreuse
- Tu tiens fort à ton entourage et tu en prends soin
- Tu peux te montrer parano
- Tu es rancunière

Le Sagittaire

23 novembre * 21 décembre

Le neuvième signe du zodiaque est celui de la fin de l'automne. Optimiste, sociable et aventureux, le Sagittaire est un être gai, libre et bavard : il représente bien son élément, le feu.

Le Sagittaire naît à l'arrivée des premières chutes de neige. C'est la période des festivités et des congés d'hiver qui arrivent à grands pas. Toutes ces joies animent l'individu né sous ce signe.

C'est un signe qui a besoin d'aventure et d'évasion dans sa vie ; il aime voyager aux quatre coins du monde pour sortir de sa zone de confort et découvrir d'autres cultures. Le Sagittaire est un signe « mutable » : il s'adapte facilement aux changements, est résistant mais impulsif.

TU ES UNE VRAIE **SAGITTAIRE** SI :

- Tu es très tolérante
- Tu apprécies les voyages culturels
- Tu es une grande curieuse
- Tu as un côté philosophe du dimanche
- Tu es impatiente
- Tu te lances dans mille et un projets, mais tu n'en termines aucun
- Tu réfléchis seulement après avoir parlé
- Tu es généralement optimiste et bienveillante

Le Capricorne

22 décembre * 20 janvier

Le dixième signe du zodiaque arrive avec le début de l'hiver ; son tempérament est ambitieux, stable et conservateur. C'est un être travailleur, distant et difficile à saisir. Ce n'est pas pour rien que c'est un signe de terre.

Le Capricorne annonce une période sombre de l'année, mais aussi celle où on est le plus enclin à prendre de bonnes résolutions. Il représente l'envie de se dépasser pour donner le meilleur de soi-même en début de nouvelle année. Le Capricorne est patient car il sait qu'il doit attendre que l'hiver passe pour que ses projets aboutissent. Il est responsable, sûr de lui et persévérant.

TU ES UNE VRAIE **CAPRICORNE** SI :

- Tu es très responsable
- Tu es ambitieuse
- Tu es à cheval sur certains principes
- Tu as du mal à accepter l'aide des autres
- Tu es rarement ponctuelle
- Tu soignes ton apparence et la manière dont tu te présentes
- Tu n'abandonnes pas après un échec
- Tu as un humour noir et sarcastique

Le Verseau

21 janvier * 18 février

Le onzième signe du zodiaque, signe d'air du milieu de l'hiver, possède un tempérament original, philanthrope et enjoué. C'est un être sensible, mais qui ne le montre pas forcément.

Né à l'une des périodes les plus froides de l'année, le Verseau a un grand respect pour les petites choses du quotidien et pour la vie en elle-même.

La glace figée au sol et le ciel gris l'incitent à développer son imagination, sa créativité et son originalité pour explorer des terres plus accueillantes. C'est aussi le plus réservé des signes d'air car c'est le seul à être né en hiver – il n'est donc pas habitué à être dans la lumière.

TU ES UNE VRAIE **VERSEAU** SI :

- Tu es très ouverte d'esprit
- Tu as un côté avant-gardiste et visionnaire
- Tu as besoin d'avoir une grande liberté
- Tu aimes sortir de ta zone de confort
- Tu détestes dévoiler tes sentiments
- Tu peux paraître froide
- Tu débordes sans cesse d'idées
- Tu adores voyager

Le Poissons

19 février * 20 mars

Le douzième et dernier signe du zodiaque, signe d'eau, annonce la fin de l'hiver. Ce signe a un tempérament spirituel, romantique et tendre. C'est un être hypersensible, qui met toujours les besoins des autres en priorité.

Le Poissons représente l'arrivée des premières éclaircies printanières et la fin de l'hiver (qui se fait timide), d'où son tempérament introverti, discret et rêveur.

Il appréhende la nouvelle course solaire qui débute après lui et développe son intuition et sa créativité pour anticiper tout ce qui pourra se produire lors de la nouvelle année zodiacale. Le Poissons est un être romantique, très spirituel et axé vers le bien-être des autres.

N.B. : Le Poissons s'écrit toujours au pluriel ☺ Pour s'en souvenir, il suffit de regarder son symbole, qui représente deux poissons via les deux courbes opposées.

TU ES UNE VRAIE **POISSONS** SI :

- Tu es pleine d'imagination
- Tu as un côté très romantique
- Tu as besoin de te sentir connectée à tes amis
- Tu es une grande rêveuse
- Tu aides les autres à gagner en estime de soi
- Tu n'apprécies pas d'être sur le devant de la scène
- Tu peux te montrer très lunatique et changeante
- Tu as un côté mystérieux

FEU, TERRE, AIR ET EAU : LES ÉLÉMENTS DE LA RONDE ASTRALE

Chacun des 12 signes du zodiaque correspond à l'un des quatre éléments. Les trois signes qui font partie du même groupe d'éléments ont des points communs, caractéristiques de l'élément auquel ils sont rattachés. Ainsi, les signes de feu se caractérisent par leur tendance à être dans l'action, tandis que les signes de terre sont davantage connectés aux choses concrètes et rationnelles, les signes d'air tendent à être plus dans le domaine de l'abstraction et des idées, et les signes d'eau sont très connectés aux émotions.

L'élément qui correspond à ton signe solaire donne des pistes concrètes pour cerner ton tempérament. Cependant, il est intéressant de noter que ce n'est pas parce que tu es née sous un signe de feu que tu auras forcément une dominante en feu sur ton thème astral. En effet, il faut prendre en considération toutes les autres planètes de ton ciel ; quand elles sont placées dans des signes reliés à d'autres éléments que celui de ton signe solaire, cela vient ajouter de la nuance à ta personnalité car tu hérites alors des caractéristiques des autres éléments. Et parfois, même, c'est un élément différent de celui de ton signe solaire qui domine ta carte ! Comme on le verra par la suite, ton élément dominant est déterminant pour étudier ta compatibilité amoureuse.

ET MOI ?

Pour calculer ton élément dominant, je t'invite à te rendre sur le site Astrotheme.fr, dans la rubrique « Personnalité », puis « Calcul de l'élément dominant ».

ÉLÉMENT FEU (BÉLIER, LION, SAGITTAIRE)

- Ils aiment avoir leur propre espace et sentir qu'ils sont complètement libres. Ils adorent faire leurs propres choix et savent reconnaître les tendances du moment
- Inspirantes et passionnées, ce sont des personnes dévouées qui sont souvent admirées
- Ils sont ambitieux pour eux-mêmes mais aussi pour leurs proches : ils donnent toujours des conseils encourageants
- Ce sont des protecteurs qui aiment tirer les autres vers le haut
- Ils masquent leurs émotions derrière leur force et leur courage et ne se dévoilent que très rarement à peu de gens
- En amitié, ils sont francs, drôles et chaleureux

ÉLÉMENT TERRE
(TAUREAU, VIERGE, CAPRICORNE)

- Ils vivent dans l'instant présent, aiment les choses simples et s'investissent toujours à fond dans ce qu'ils font
- Pratiques et orientés sur leurs objectifs, ils aiment les résultats concrets et préfèrent l'action plutôt que la parole
- Ils sont fidèles à leurs valeurs : ce sont des personnes fiables sur qui on peut toujours compter
- Ils croient fermement que le travail et les efforts mènent à la réussite
- C'est la team « je préfère être seul·e que mal accompagné·e » ! Ils se rappellent du moindre faux pas des autres
- Très observateurs, ils remarquent souvent de petits détails que les autres ne voient pas

ÉLÉMENT AIR
(GÉMEAUX, BALANCE, VERSEAU)

- Ce sont des penseurs libres qui aiment communiquer leur vision des choses, de manière spontanée et divertissante
- À l'aise en public, ils sont les premiers à aller vers les autres et à alimenter les conversations

- Assez idéalistes, ils sont toujours partants pour lancer de grands débats durant lesquels ils refont le monde
- Ce sont de vrais intellectuels et philosophes qui adorent apprendre, se documenter et explorer de nouveaux domaines de connaissances
- Grands voyageurs, ils arrivent aisément à se projeter à l'étranger ou en randonnée, mais ils redoutent la routine et la stabilité

ÉLÉMENT EAU
(CANCER, SCORPION, POISSONS)

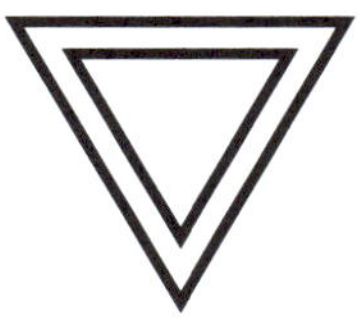

- Ils sont très sensibles et empathiques, ce qui les rend fins psychologues
- Intuitifs, ils peuvent souvent pressentir des événements
- Ils ont une visualisation créatrice puissante qui leur permet de concrétiser leurs idées et projets de façon simple et naturelle
- Ils sont capables d'endosser le rôle du confident et de garder les plus grands des secrets qu'on leur dévoile
- On les considère souvent comme des timides car leur pudeur et leur discrétion les amènent à cacher leurs émotions intenses et bouillonnantes
- Ils sont très connectés aux énergies et bénéficient de dons médiumniques

LE THÈME NATAL, LE MINICOSMOS QUI GOUVERNE LE « MOI INTÉRIEUR »

En astrologie, tout commence donc avec ta naissance et une photo. Mais pas n'importe laquelle : une photo du ciel qui est prise à l'instant même où tu viens au monde et qu'on appelle thème natal, thème astral ou encore carte du ciel. Grâce à cette photo reconstituée de la position des astres au moment de ta naissance, on peut partir à la découverte de ta personnalité et aller bien au-delà de la simple interprétation de ton signe astrologique. Car chaque planète et chaque astéroïde qui se trouvent sur ton thème natal décrivent une part de ton tempérament. Avec 10 planètes dans ton ciel de naissance, tu possèdes donc de nombreuses énergies différentes, et, le plus souvent, les 12 signes du zodiaque – ou presque – font partie de ta personnalité.

COMMENT SE PRÉSENTE UN THÈME ASTRAL ?

La carte du ciel est une roue de 360° divisée en 12 maisons zodiacales. Chaque maison est « dirigée » par un des signes du zodiaque. Une maison représente un champ d'action de la vie et du quotidien, un domaine qui est teinté par les énergies du signe qui « gouverne » telle ou telle maison ainsi que les planètes qui s'y trouvent.

LES **12 MAISONS** ZODIACALES

Maison	Signe correspondant	Domaines
MAISON 1	**Bélier**	Identité, vitalité, ego, force et action
MAISON 2	**Taureau**	Argent, investissements, possessions, valeurs
MAISON 3	**Gémeaux**	Communication, petits déplacements, apprentissages, enseignements primaires et secondaires, intelligence
MAISON 4	**Cancer**	Origines, héritage social, racines, famille, foyer
MAISON 5	**Lion**	Créativité, vie affective, amours, enfants, réussite
MAISON 6	**Vierge**	Travail, quotidien, habitudes, santé, utilité sociale
MAISON 7	**Balance**	Couple, mariage, rapport à l'autre, collaborations
MAISON 8	**Scorpion**	Transformations, métamorphoses, évolution, emprunts, héritage financier
MAISON 9	**Sagittaire**	Voyages, philosophie, religion, études supérieures, savoir
MAISON 10	**Capricorne**	Ambition, accomplissement, opportunités, vie professionnelle
MAISON 11	**Verseau**	Relations sociales, amitié, projets collectifs, fraternité, sororité
MAISON 12	**Poissons**	Introspection, vie intérieure, mental, inconscient, spiritualité

En pratique, il est tout à fait normal de ne pas avoir sa maison 3 en Gémeaux ou sa maison 4 en Cancer. En effet, la maison 1 de chaque thème natal est déterminée par le signe ascendant d'un individu ; cette maison 1 va ainsi déterminer le placement des autres maisons en signes. Donc, à moins d'être ascendant Bélier, tes maisons seront « décalées » et ne seront pas dans leurs maîtrises habituelles. C'est cela qui fait toute la beauté et le caractère unique de ton thème natal.

Le disque du ciel est traversé par quatre grands axes désignés par des grandes flèches sur ta carte du ciel. Ils correspondent à :

- **l'axe de l'ascendant**, qui est relié à la **maison 1**,
- **l'axe du Fond de Ciel**, qui est relié à la **maison 4**,
- **l'axe descendant**, qui indique la **maison 7**,
- **l'axe de Milieu de Ciel**, qui montre où se situe la **maison 10**.

Ces grands axes sont importants car ils déterminent fortement certaines parts de ta personnalité, de ton héritage, de tes valeurs et de ton chemin de vie.

LE SIGNE ASCENDANT est une des clés les plus importantes pour commencer à cerner ta personnalité. En effet, il est aussi impactant que ton signe solaire, voire plus important dans certains cas, car il vient accentuer et/ou atténuer certaines caractéristiques de ce dernier. Concrètement, l'ascendant, c'est la première impression que tu donnes aux autres. C'est la manière dont les autres te perçoivent, notamment dans le contexte social (rencontre amicale, en soirée...), et la première chose qu'ils remarquent de ta personnalité. Le Milieu de Ciel est quant à lui souvent considéré comme la manière dont tes collègues te perçoivent et perçoivent ton comportement face au travail.

LE SIGNE DESCENDANT est l'opposé de ton signe ascendant et représente tes rapports aux autres, ce que tu cherches chez autrui, le type de personnes qui te correspond en couple ou en relation d'association.

Il est donc déterminé par ton signe ascendant ; voici le récapitulatif des correspondances.

Ascendant	Descendant
Bélier	Balance
Taureau	Scorpion
Gémeaux	Sagittaire
Cancer	Capricorne
Lion	Verseau
Vierge	Poissons
Balance	Bélier
Scorpion	Taureau
Sagittaire	Gémeaux
Capricorne	Cancer
Verseau	Lion
Poissons	Vierge

LE MILIEU DE CIEL apporte des informations sur la manière dont tes collègues te perçoivent et sur ton rapport au travail. Il indique les domaines et les métiers qui sont les plus susceptibles de te permettre de t'épanouir – en alignement avec tes énergies.

LE FOND DE CIEL désigne les comportements « hérités » de ta lignée familiale mais aussi l'éducation que tu as reçue, ton rapport à tes parents ainsi que la manière dont tu te comportes chez toi, comment tu construis ton foyer et tes potentiels déménagements.

Une ou plusieurs maison(s) zodiacale(s) peu(ven)t être considérée(s) comme dominante(s) sur ton thème. Il s'agit des maisons où se trouvent plusieurs planètes ; en général, à partir de trois planètes dans une maison, on considérera alors que tu consacres plus d'énergie au quotidien dans les domaines représentés par cette maison afin d'évoluer sur ton chemin de vie. Quand cette maison dominante est repérée, il est intéressant de regarder quels sont les planètes et le signe qui s'y trouvent pour déterminer les actions favorables qui sont déployées dans ce domaine, jour après jour, mais aussi pour voir quels sont les domaines potentiellement délaissés et imaginer comment réajuster le tout.

LES PLANÈTES : LES VRAIES **STARS DE TON CIEL**

Les planètes sont les actrices principales de ton thème astral. Ce sont elles qui construisent ta personnalité et te permettent d'évoluer au fil de ta vie ; car il ne faut pas oublier que les planètes ne sont pas fixes ! Chaque jour, elles bougent et modifient les énergies qui te traversent. Sur la carte du ciel, on dénombre 10 planètes ; en fonction du signe et de la maison dans laquelle se trouve chacune, on obtient de précieuses indications sur la manière dont la personne va réagir dans telle ou telle situation.

Les luminaires

Ce terme désigne les deux seules planètes de ton thème qui « brillent ». Cela concerne donc la grande étoile de notre système solaire, le Soleil, et le satellite naturel de notre belle planète, la Lune. Ces deux éléments donnent énormément d'informations sur ta manière d'être et d'agir en général.

☉ Le Soleil

ou la planète-étoile qui représente ta vitalité et ton ego

- La position du Soleil sur ton thème astral indique quel est ton signe astrologique et correspond, de ce fait, à environ un quart de ta personnalité.
- C'est ton individualité, ton ego et même tes objectifs ainsi que tes projets de vie qui sont influencés par cet astre.
- Il symbolise ce que tu laisses voir aux autres de ton tempérament. C'est ta volonté et ton « toi profond ».
- Il représente également la relation à ton père, en fonction des aspects (favorables ou défavorables) avec les autres planètes de ton thème.

EN AMOUR, il est étudié pour comprendre les besoins primaires et les objectifs d'une personne ainsi que sa vision du couple.

Mots clés : vitalité, ego, individualisme, tempérament, volonté

La Lune ☾

ou le luminaire qui dirige tes émotions et ta face cachée

- La position de la Lune sur ton thème astral indique quel est ton signe lunaire et correspond, de ce fait, à la part « cachée » de ta personnalité.
- Ce sont tes émotions, tes affects et la manière dont tu réagis avec les gens qui font partie de ta « sphère intime ». Cet astre fait référence à ton monde intérieur.
- Elle symbolise aussi l'intuition, le rapport à la famille et les ressentis.
- Elle représente également la relation à ta mère, en fonction des aspects (favorables ou défavorables) avec les autres planètes de ton thème.

EN AMOUR, elle est étudiée pour l'interprétation des émotions et pour comprendre quel genre d'intimité ou de foyer souhaite construire l'un.e ou l'autre partenaire du couple.

Mots clés : émotions, intimité, affection, intériorité, sensibilité

Les trois planètes individuelles

Ces planètes sont dites « individuelles » car ce sont les planètes qui se déplacent le plus vite dans le Système solaire. Leurs transits suivent généralement de près le Soleil (et donc ton signe astrologique) : cela veut dire qu'elles sont toujours placées dans des signes proches du signe solaire sur la carte du ciel, même lorsqu'elles rétrogradent[1]. Ces planètes correspondent à des parts essentielles de ta personnalité, elles définissent l'essence même de tes actions au jour le jour.

1. En astrologie, une planète est dite « rétrograde » lorsque son mouvement apparent semble s'inverser. En réalité, il s'agit d'une illusion liée à la durée de révolution des planètes autour du Soleil par rapport à notre référent, la Terre. Les luminaires ne rétrogradent jamais.

Mercure ☿

ou la planète qui influence ta communication et ta réflexion

- Mercure est la planète de l'échange et de la compréhension. Cette planète est associée à Hermès, le messager des dieux.
- Mercure va donc indiquer comment tu communiques avec les autres et influer sur ta sociabilité, ta compréhension du monde qui t'entoure mais aussi ton inventivité.
- Son placement donne des pistes pour identifier l'orientation scolaire qui te correspond.

EN AMOUR, elle permet de voir si un couple va connaître des problèmes de communication ou pas selon l'aspect positif ou négatif qui est formé par les deux Mercure du couple.

Mots clés : communication, apprentissage, pensée, éloquence, intelligence

♀ Vénus

ou la planète qui gouverne tes sentiments et ton abondance

- Vénus est la planète de l'amour, de l'esthétisme et des valeurs. Cette planète est associée à la déesse Aphrodite, déesse de l'Amour et de la Beauté.
- Vénus va donc apporter des indications sur ta manière de séduire, d'aimer, et sur ton sens des valeurs.
- C'est une planète très importante à prendre en considération en compatibilité amoureuse.
- Elle est également stratégique pour identifier les rentrées d'argent ou les dépenses que tu es susceptible d'avoir à certaines périodes.

EN AMOUR, elle est étudiée pour l'interprétation de tes sentiments – et du type d'énergie féminine qui t'attire.

Mots clés : amour, valeur, argent, sentiments, relations

Mars ♂

ou la planète qui guide tes actions

- Mars est la planète de la combativité, de la compétition et de l'action. Cette planète est associée, dans la mythologie, au dieu Arès, qui est le dieu de la Guerre.
- Mars va donc indiquer de quelles manières tu affrontes les situations et agis concrètement. Elle représente aussi ton courage, ta persévérance, ta capacité d'action et ta volonté.
- Elle influence aussi ton énergie et participe, tout comme le Soleil, à ta vitalité et à ta santé.

EN AMOUR, elle est étudiée pour l'interprétation de tes désirs, de ta sexualité – et du type d'énergie masculine qui t'attire.

Mots clés : action, réaction, force, combativité, décision

Les planètes lentes

Il s'agit des deux géantes Jupiter et Saturne, qui se déplacent à des vitesses de révolution plus longues que les planètes individuelles. En effet, il leur faut entre une année complète et deux ans pour passer d'un signe à l'autre. Les personnes nées durant la même année partagent donc généralement le même placement de Jupiter et/ou de Saturne. Cela dépend également des périodes de rétrogradation, qui font « reculer » l'une ou l'autre planète à certaines périodes et qui font donc « stagner » leur placement dans un signe du zodiaque.

LE SAVAIS-TU ?

Les planètes ne reculent pas de manière physique en période dite « rétrograde » car cela est impossible. Cependant, sur le thème astral, on peut voir un mouvement de « retour en arrière ». C'est simplement une illusion d'optique, mais très significative et extrêmement prise au sérieux en astrologie car, durant ces périodes, on peut observer des changements de comportement chez les êtres humains.

Comme les dieux qui leur sont associés, les planètes lentes ont des réputations très différentes : Jupiter (Zeus) est perçue de façon très positive, tandis que Saturne (Cronos) est souvent mal-aimée !

Jupiter ♃

ou la planète qui fait écho à la chance, à l'abondance et à la réussite

- Jupiter est la planète qui gouverne l'optimisme et la joie.
- Elle signale la chance – ou la réussite – dans un certain domaine et correspond aussi à tes opportunités, ta joie de vivre et ta situation financière. Cette planète est également liée à la carrière professionnelle, comme Saturne.
- Jupiter est porteuse de bonnes nouvelles et de succès quand son placement est favorable, mais elle peut aussi amplifier des phénomènes négatifs.

EN AMOUR, son lien avec Vénus détermine si la relation restera cachée ou sera officialisée.

Mots clés : chance, bonheur, réussite, loi, bienveillance

♄ Saturne

ou la planète qui structure, donne des leçons et forge l'ambition

- Saturne incarne l'ambition par excellence. C'est la confiance dans la vie et dans la raison, la logique. Elle est liée à l'élévation dans la carrière professionnelle, ce qui, dans ses énergies basses, peut être associé à une ambition négative : ce ou ceux que tu es prête à sacrifier, voire à trahir, pour atteindre tes buts.
- Quand cette planète est en dissonance avec une autre (on parle de « mauvais aspect », c'est-à-dire que sa position crée une tension énergétique), elle peut alors créer des ruptures amoureuses, une perte d'emploi ou tout autre événement malencontreux. De ce fait, c'est la planète qui peut alimenter certains de tes blocages et ce qui est tabou à tes yeux.
- A contrario, lorsque son placement est favorable, Saturne apporte sécurité, confiance en soi et prospérité.

EN AMOUR, Saturne peut indiquer si une relation sera durable à long terme ou si elle sera parsemée d'embûches et de conflits. Tout dépend de ses aspects avec les autres astres du couple.

Mots clés : ambition, travail, structure, persévérance, blocage

Les planètes générationnelles

Ces planètes sont dites « générationnelles » car elles mettent plusieurs décennies à réaliser le tour complet du zodiaque : le cycle complet d'Uranus dure 84 ans, celui de Neptune prend plus de 164 ans, tandis que la course de Pluton nécessite 248 ans. Toutes trois restent donc dans le même signe pendant au moins une génération. Grâce à elles, on peut observer et prédire des événements mondiaux et définir les tendances des générations passées et à venir.

♅ Uranus

ou la planète du changement, de la créativité et de l'indépendance

- Cette planète désigne ta créativité, ton indépendance, tes capacités inventives et ton anticonformisme (ou ton conformisme !).
- Elle fait également référence à l'inattendu, au changement brusque et soudain ainsi qu'à tout ce qui est lié à l'électricité.

EN AMOUR, Uranus peut indiquer un coup de foudre entre deux personnes, notamment si la Vénus d'un des partenaires est sollicitée par le placement d'Uranus de l'autre. Dans ses énergies basses avec Mars, Uranus peut également indiquer de la violence et des incompréhensions.

Mots clés : originalité, changement, inattendu, électricité, liberté

Neptune ♆ ou la planète des idéaux et des croyances

> Planète de la spiritualité, Neptune te renseigne sur tes rêves, tes croyances et tes idéaux.

> Dans ses aspects positifs, cette planète va montrer ton aisance à te laisser aller vers tes ressentis, ton intuition, et la manière dont tu vas réussir à te déconnecter des choses.
Dans ses aspects négatifs, elle peut signifier tes excès, tes penchants fanatiques, etc.

EN AMOUR, Neptune indique – selon son aspect avec Vénus – si une personne a tendance à idéaliser l'être aimé, voire à vivre dans une chimère plutôt que dans la réalité.

Mots clés : rêves, utopie, religion, idéal, spiritualité

♇ Pluton

ou la planète des transformations et des métamorphoses

- Cette planète te pousse jusqu'à tes limites pour te transformer. Elle est liée à tes actions secrètes, ton instinct et tes tabous.
- Elle représente, d'une part, ton charisme et ton magnétisme et, d'autre part, tes peurs et tes angoisses profondes.
- Sur le plan générationnel, elle fait ressortir les progrès et les changements qu'une nouvelle génération souhaite apporter à la société.

EN AMOUR, Pluton apporte des indications sur l'érotisme au sein d'un couple ainsi que l'aura hypnotique qu'un.e des partenaires peut avoir sur l'autre en fonction de son aspect avec Vénus, le Soleil ou l'ascendant.

Mots clés : transformation, violence, sexualité, tabous, angoisses

Les astéroïdes, des messagers du karma

En plus des planètes, le thème astral contient certains astéroïdes. Ceux-ci sont en lien étroit avec le karma et le chemin de vie, ils se révèlent donc très pertinents lorsqu'on aborde le sujet des blessures émotionnelles, des blocages et des passages évolutifs de la vie. Certains astrologues les étudient tous, d'autres n'en étudient que quelques-uns, et d'autres encore n'en étudient aucun[1].

LE SAVAIS-TU ?

En astrologie, l'usage veut qu'on désigne ces éléments de la carte du ciel par le terme « astéroïdes » ; en réalité, il ne s'agit pas à proprement parler d'astéroïdes au sens astronomique du terme (corps physique composé de roches, de glace et de métaux).

1. Personnellement, je fais partie de la deuxième catégorie. Je n'étudie pas tous les astéroïdes car certains transmettent les mêmes informations que les planètes ; j'utilise uniquement ces quatre éléments, que je considère comme les plus pertinents.

⚸ Lilith ou la part sombre du thème natal

- Cet astéroïde a un lien direct avec la part la plus sombre de ta personnalité. C'est en réalité un point fictif : il ne correspond pas à la présence physique d'un corps dans ton ciel, et sa position est déterminée mathématiquement par rapport à celle de la Lune.
- Lilith caractérise tes obsessions, tes fantasmes, tes peurs, tes blocages, tes mauvaises habitudes et même tes excès.
- Il y a, en vérité, trois Lilith :
  1. La Lilith Moyenne, qui serait considérée comme la cause de notre peur, de notre souffrance, héritée d'un ancêtre.
  2. La Lilith Corrigée (peu utilisée), qui représenterait les effets de cette cause, nos réactions suite à cette blessure originelle.
  3. La Lilith Vraie (celle que je privilégie), qui représente les blocages, les peurs, mais aussi les solutions à apporter à nos blessures émotionnelles.

EN AMOUR, Lilith peut indiquer une rencontre karmique (si d'autres points du thème le confirment) et une potentielle blessure à combler au sein du couple.

Mots clés : blocage, peurs, excès, obsessions, fantasmes

Chiron ⚷

ou le principe guérisseur, le don inné

- Cet astéroïde représente la sagesse et la guérison. Ainsi, selon sa position dans ton thème astral, il signale le domaine dans lequel tu es la plus apte à aider les autres et à les élever, voire les guérir.
- Chiron représente aussi la façon dont tu gères une blessure et comment tu es capable de la surmonter au cours de ta vie. Il est également associé à la médecine douce et aux plantes.

EN AMOUR, Chiron indique si la rencontre entre deux personnes leur permet d'évoluer et de se connecter spirituellement. Cela peut aussi signaler que l'un·e des partenaires a les outils nécessaires pour la guérison de l'autre.

Mots clés : guérison, psychologie, don, sagesse, médecine

☋ Le Nœud Sud

ou le bagage accumulé et porté avec soi

- Ce premier nœud lunaire correspond à ce qui est « passé ». Représentant tes acquis, les expériences sur lesquelles tu t'appuies pour avancer, il donne des indications sur ce qui est susceptible de mettre un frein à ton évolution ainsi que sur les schémas négatifs que tu peux reproduire inconsciemment.
- Il apporte également des informations sur tes vies antérieures, tes dons innés et les domaines que tu es invitée à approfondir et développer dans cette vie.

EN AMOUR, le Nœud Sud permet de déterminer pour un couple si la rencontre des partenaires correspond en fait à des retrouvailles d'âmes sœurs et s'il y a un bagage karmique commun (selon ce qu'indique le reste des thèmes des partenaires).

Mots clés : vécu, passé, expériences, schémas, inné

Le Noeud ☊ Nord

ou ce vers quoi la vie te mène

- Ce second nœud lunaire, lui, indique ce vers quoi tu tends au fil de ta vie, ce qui est à construire pour ton épanouissement et la direction dans laquelle se trouve ton objectif.
- Il souligne les compétences supplémentaires que tu dois acquérir pour atteindre cet objectif. Il est important de le relier avec les informations données par le Nœud Sud afin de capitaliser sur l'existant et l'acquis pour avancer dans la bonne direction.
- Il donne des indications sur les secteurs dans lesquels tu peux t'épanouir et la façon de trouver ta voie.

EN AMOUR, le Nœud Nord indique si une rencontre devait avoir lieu, si c'est une rencontre « du destin ». On peut observer que les couples mariés ont souvent des interaspects favorables entre les Nœuds Nord et les planètes individuelles de l'un.e et de l'autre.

Mots clés : épanouissement, destinée, construction, vie, cheminement

MON THÈME NATAL

Il est temps d'examiner de plus près ton thème natal ! Pour cela, je t'invite à te rendre sur le site Astrotheme.fr, dans la rubrique « Personnalité », puis « Ascendant et thème astral ». Pense bien à cocher les cases « Afficher les aspects et positions des planètes » ainsi que « Afficher les astéroïdes ». Prête ? C'est le moment d'en prendre connaissance (et conscience) pour mieux comprendre quelles sont les énergies qui participent à la création de ton monde intérieur.

Pour mieux décoder ta carte du ciel, voici un rappel des symboles et de leur signification :

Signes astrologiques	
♈ BELIER	♉ TAUREAU
♊ GÉMEAUX	♋ CANCER
♌ LION	♍ VIERGE
♎ BALANCE	♏ SCORPION
♐ SAGITTAIRE	♑ CAPRICORNE
♒ VERSEAU	♓ POISSONS

Planètes	
☉ SOLEIL	☾ LUNE
☿ MERCURE	♀ VÉNUS
♂ MARS	♃ JUPITER
♄ SATURNE	♅ URANUS
♆ NEPTUNE	♇ PLUTON
☊ NŒUR NORD	☋ NŒUD SUD
⚸ LILITH	⚷ CHIRON

> Colle ici ta carte du ciel

QUELQUES INDICATIONS SUPPLÉMENTAIRES :

- Chaque planète, chaque astéroïde se trouve toujours dans un seul signe et dans une seule maison. Ton ascendant est signalé par les lettres AC ; ton descendant par une grosse flèche à l'exact opposé de ton ascendant.
- Ton Milieu de Ciel est signalé par les lettres MC ; ton Fond de Ciel est exactement à l'opposé de ton Milieu de Ciel et il est indiqué par une grosse flèche également.
- Les maisons sont délimitées par les petites flèches dans le dernier cercle extérieur (celui où figurent également les numéros de maison).
- Pour savoir dans quel signe se situe la maison, il faut lire la roue dans le sens contraire des aiguilles d'une montre. Les maisons sont définies en fonction des flèches qui contournent ton thème astral, la direction dans laquelle la flèche pointe indique le signe qui gouverne telle ou telle maison en particulier.
- Si tu ne trouves pas ton Nœud Sud, sache qu'il est exactement à l'opposé de ton Nœud Nord, à 180°.
- La part de Fortune, Vesta, Pallas, Vertex, le Point Est ou encore Junon sont d'autres astéroïdes présents sur ta carte du ciel, mais qui, généralement, ne donnent pas d'indications supplémentaires sur ton thème natal. Ils ne font que confirmer d'autres choses qui sont déjà visibles sur ta carte du ciel.

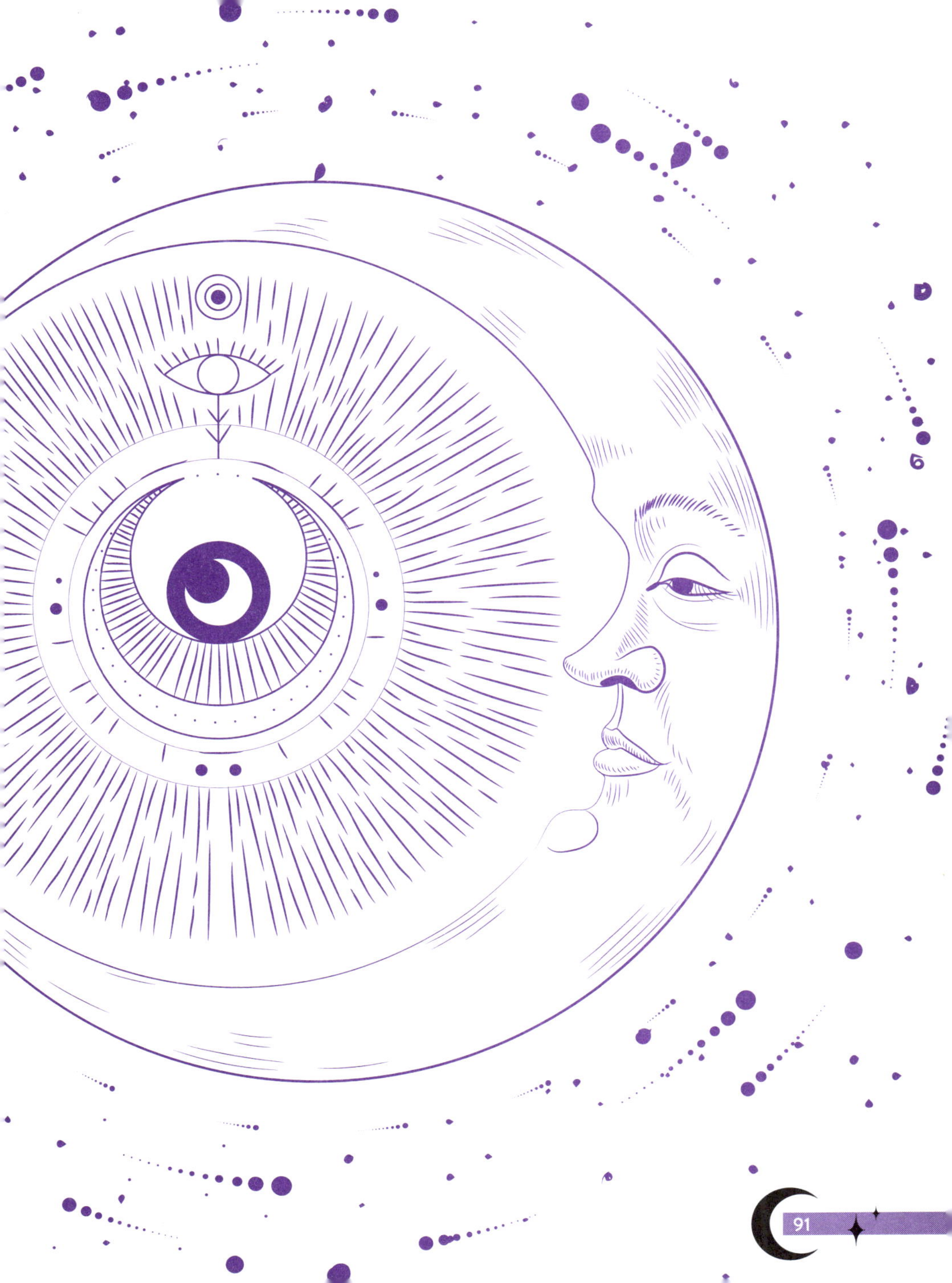

MA FICHE D'IDENTITÉ ASTROLOGIQUE

- Mon signe solaire :

……………………………………………………

- Mon signe ascendant :

……………………………………………………

- Mon signe lunaire :

……………………………………………………

- Mon/mes élément(s) dominant(s) :

……………………………………………………

- Ma/mes maison(s) dominante(s) :

……………………………………………………

- Avec Mercure, je communique et je réfléchis comme le/la…

……………………………………………………

- Avec Vénus, j'aime et je partage mon affection comme le/la…

……………………………………………………

- Avec Mars, j'agis et je prends mes décisions comme le/la…

……………………………………………………

- Grâce à Jupiter, j'ai de la chance comme le/la…

……………………………………………………

- Cependant, Saturne me structure et m'apprend des leçons comme le/la ……………………………………………………

- Uranus s'affirme et crée comme le/la ……………………………………………………

- Neptune idéalise et place ses espoirs comme le/la…

……………………………………………………

- Pluton se transforme et reconstruit comme le/la

……………………………………………………

- Lilith dévoile ma part sombre dans le signe du/de la

……………………………………………………

- Chiron me permet de guérir les autres à la manière du/de la

……………………………………………………

- Mon chemin de vie me fait voyager du/de la …………………………… (signe où se trouve le Nœud Sud) pour évoluer et acquérir des capacités comme le/la …………………………… (signe où se trouve le Nœud Nord)

……………………………………………………

- Ma maison 1 m'octroie une part de la personnalité du/de la

....

- Ma maison 2 indique que j'ai hérité des valeurs et que je gère mes finances à la manière du/de la

....

- Ma maison 3 montre que je pense et communique comme le/la

....

- Ma maison 4 dévoile l'atmosphère de mon foyer que j'organise à la manière du/de la

....

- Ma maison 5 m'aide à créer et à aimer comme le/la

....

- Ma maison 6 me permet de structurer mon quotidien et mon travail comme le/la

....

- Ma maison 7 montre que je suis attirée par des personnes qui agissent comme le/la

....

- Ma maison 8 dit que je suis capable de me régénérer comme le/la

....

- Ma maison 9 indique que ma philosophie de vie est similaire à celle du/de la

....

- Ma maison 10 montre que je suis capable d'exceller dans les mêmes domaines professionnels que le/la

....

- Ma maison 11 me rend sociable et soucieuse des projets collectifs comme le/la

....

- Ma maison 12 met en relation mon inconscient et mon mental à la manière du/de la

....

CONFESSIONS ENTRE **ÉTOILES**

OROSCA **Gémeaux ascendant Taureau**, étudiante en master communication publique et créatrice de Wake Hop : « Il y a encore peu de temps, je ne croyais pas en l'astrologie et je ne me reconnaissais guère dans les clichés véhiculés à propos des Gémeaux. Un jour, je me suis laissé emporter par ma curiosité et j'ai tenté l'expérience de la lecture de thème astral par Astrolya. J'ai été totalement bouleversée, car tout ce que cela révélait de ma personne me correspondait à 100 % : mes peurs, mes doutes, mes forces, mes faiblesses, mes blessures, tout s'y retrouvait. Désormais, lorsque j'ai une décision importante à prendre, je cherche à savoir si les astres sont en ma faveur. Je suis définitivement convaincue que l'on peut se découvrir à travers l'astrologie. En ce qui me concerne, cela m'a aidée à me connaître et à savoir ce à quoi je suis véritablement destinée, et cela représente, selon moi, la moitié du chemin vers la réussite tant spirituelle qu'émotionnelle et professionnelle. »

ROSALIE **Lion ascendant Balance**, conseillère au service Protocole de la région : « Je ne suis pas une experte en astrologie, mais le peu que je sais m'a permis d'apprendre à me connaître et à mieux me comprendre. Ça m'a aussi permis de m'aimer enfin, ou plutôt d'aimer des parties de ma personnalité que je ne comprenais pas. Du fait de mon thème, j'ai une très forte personnalité, mais je suis extrêmement sensible. Malgré mon côté star et «moi je», ce qui compte le plus pour moi est le bonheur des gens que j'aime. En amour, j'ai compris grâce à l'astrologie pourquoi j'étais attachée et attirée par une seule personne, même si beaucoup de choses nous séparaient – merci, mon signe lunaire ! Je n'abandonne jamais les gens que j'aime. »

★ ★ ★

LUANA **Balance ascendant Capricorne**, étudiante en master de spécialisation en études de genre : « La spiritualité et moi, ça a toujours fait deux. Mon expérience avec l'astrologie se résumait à l'horoscope, que je trouvais bien trop stéréotypé et simpliste. L'approche d'Astrolya, qui entremêle analyse de thème astral et développement personnel, m'a intriguée. Grâce à ses connaissances, elle a réussi à m'analyser et à m'ouvrir les yeux sur certains aspects de ma personnalité que j'avais du mal à comprendre. Au fil des années, j'ai pu voir sa passion et son expertise se développer et, surtout, j'ai été témoin de bien trop de similitudes pour continuer à faire la sourde oreille. Comme je le dis souvent : si elle a réussi à me persuader, c'est qu'elle peut convaincre tout le monde ! »

★ ★ ★

JULIE **Gémeaux ascendant Capricorne**, cheffe cuistot et barmaid : « La curieuse Gémeaux que je suis a toujours été confuse lorsqu'elle lisait le profil des horoscopes qui nous emprisonnent dans des archétypes. C'est lorsque j'ai appris que chaque planète ajoutait sa pierre à l'édifice de la complexité de nos êtres que j'ai compris que mon ambition était alimentée par mon ascendant Capricorne, que mon intuition venait de ma Lune en Verseau et, surtout, que ma créativité culinaire venait de ma Vénus en Taureau. Étudier la place de chaque planète dans sa carte est un cheminement vers soi, cela permet de découvrir un équilibre aussi fragile que surpuissant quand on arrive à le comprendre. Et c'est celui-ci qui nous rend uniques, malgré les points communs avec les natifs similaires. »

* * *

MORGANE **Cancer ascendant Vierge**, étudiante en double maîtrise business international : « J'ai toujours aimé l'astrologie. C'est un domaine que je trouve passionnant et plein de mystères. J'ai recommencé à m'y intéresser davantage après une grosse rupture et à un moment de ma vie où je sentais qu'une page se tournait. J'avais besoin de trouver un équilibre avec moi-même afin de faire face à tous ces changements. Je sentais qu'il fallait que je me connaisse mieux, et à ce moment on m'a parlé d'Astrolya. Comme quoi il n'y a pas de hasard, c'était le destin. Grâce à cette expertise de ma carte du ciel, j'ai pu comprendre beaucoup de choses sur les erreurs que je faisais et pourquoi elles se répétaient. Cette lecture de ma personnalité a mis en lumière les bons et les mauvais côtés de mon tempérament, afin de les travailler. Cette expérience m'a permis de faire la paix avec mon moi intérieur et de m'accepter afin d'avancer vers mes nouvelles aventures. Ce coaching spirituel était comme une longue méditation et une bouffée d'air frais ! »

RITUEL POUR SE RECONNECTER À SA SPIRITUALITÉ ET AUX ÉTOILES

Parfois, et même (trop) souvent, les choses sont plus faciles à dire qu'à faire. Comme le fait d'admettre un de ses défauts, ou même une de ses qualités, qu'on ne croit reconnaître que chez les autres et pas chez soi. C'est pourquoi je t'invite maintenant à appuyer sur le bouton « pause » et à prendre un peu de temps pour toi. Il ne s'agit pas de te donner bonne conscience mais bien d'apprendre à écouter tes ressentis et tout ce minicosmos qui te traverse au quotidien.

Si tu le peux/veux, commence par une méditation, courte, profonde, accompagnée d'une séance de yoga… C'est comme tu le sens. C'est toi, ton corps et ton univers.

La seule condition pour cet exercice est de t'isoler dans une pièce qui t'apaise, où tu ne seras pas dérangée, et de t'installer confortablement.

Pour la suite, tu auras besoin :

- De deux feuilles A4
- D'un stylo bille ou d'un stylo à plume
- De ton huile essentielle favorite, d'encens ou d'une bougie dont tu apprécies l'odeur
- D'une musique apaisante (si tu le souhaites)
- De quelques cristaux qui te plaisent (si tu le souhaites)
- D'un thé et/ou d'un grand verre d'eau (si tu le souhaites)

Avant tout, il est nécessaire de partir à la quête du pardon envers toi-même. Car pardonner aux autres, aussi aisé ou difficile cela soit-il dans certaines situations, ne sera jamais aussi important et puissant que le fait de te pardonner toi-même.

TE PARDONNER, POUR QUOI ?

T'accorder le pardon pour avoir été négligente, à certains moments, envers toi-même. T'excuser de t'être oubliée ou d'avoir fait semblant d'être quelqu'un d'autre. Te pardonner pour les fois où tu n'as pas agi comme il le fallait et celles où tu as fait des erreurs. Te libérer des bagages que tu portes et qui ne sont pas forcément les tiens mais ceux des âmes que tu as rencontrées. Car se reconnecter aux étoiles et à sa spiritualité, c'est aussi reconnaître et accepter qu'on en a été déconnecté·e et poser l'intention de restaurer ce lien.

Je t'invite à lister les choses que tu souhaites profondément te pardonner ; tu peux les penser, les énoncer à voix haute ou les écrire sur une feuille, selon la méthode qui te convient le mieux.

Lorsque cela est fait, applique deux ou trois gouttes de ton huile essentielle favorite sur tes poignets et sens cette odeur en inspirant puis expirant profondément (ou tu peux allumer de l'encens/ta bougie si tu préfères.). Cela va te permettre d'ancrer ce moment privilégié par l'intermédiaire de ton odorat.

Sur une feuille, note chacune des questions listées ci-après et réponds-y authentiquement et avec le plus de détails possible. Si tu n'y arrives pas et que tu n'as qu'une vague idée en lisant ces mots et ces interrogations, ce n'est pas grave : tu pourras refaire cet exercice plus tard, dans un jour, une semaine ou quelques mois et peut-être dans de meilleures conditions pour toi. Chacune a son propre rythme : la (re)découverte de soi n'échappe pas à cette règle.

TES QUESTIONS SPÉCIALES « (RE)DÉCOUVERTE DE MOI » :

Quels sont les rôles que tu exerces au quotidien et qui sont le plus intimement liés à la définition de ta personnalité et à la manière dont tu te perçois ?

EXEMPLES #1

- **RÔLE 1** Mon activité de danseuse, car c'est grâce à cela que je fais sauter tous mes freins et que je laisse mon corps et ma créativité s'exprimer librement…
- **RÔLE 2** Mon boulot de professeur, car j'adore transmettre mes connaissances et voir mes élèves évoluer et s'épanouir…

Pour chaque rôle précédemment listé, quels sont les intérêts, les talents et les valeurs profondes que tu exprimes et que tu mets en avant ?

EXEMPLES #2

- **DANSE** Créativité, lâcher-prise, amusement, sport, art
- **PROFESSEUR** Structure, organisation, connaissances, partage, éducation…

Numérote du plus important au moins important chaque rôle et chaque valeur que tu as listés. Ne réfléchis qu'avec ton cœur et ton esprit, ne laisse pas les ondes parasites s'infiltrer.

EXEMPLES #3

- **DANSE** La danse vient en troisième position, car j'en ai besoin dans ma vie de tous les jours pour me libérer et évacuer les mauvaises ondes…
- **PROFESSEUR** Mon métier de prof vient en premier, car mon boulot est un vrai moteur pour moi au quotidien, c'est ce qui me donne envie de me lever.

Essaye de trouver d'autres rôles où chacun de ces talents personnels pourrait être exprimé.

> **AUTRES RÔLES/HOBBIES** Mon rôle d'amie vient en deuxième car les relations sociales sont sacrées pour moi, j'ai besoin de me sentir appartenir à un groupe et de partager mes idées…

Ensuite, note les choses que tu aimerais faire dans ta vie et pour lesquelles tu aimerais trouver plus de temps. C'est-à-dire les nouveaux rôles que tu aimerais endosser, mais pour lesquels tu ne trouves pas assez de temps au quotidien.
Si tu le souhaites, barre les éléments (rôles, hobbies, etc.) que tu n'estimes pas nécessaires dans ton quotidien et intègres-y à la place les nouvelles activités que tu voudrais entreprendre.

Quand tout cela est fait, plie la feuille, serre-la entre tes paumes, ferme les yeux et répète tout haut (ou dans ta tête si tu n'es pas à l'aise) : « Je me reconnecte à mon moi profond, à ma source, et je m'aligne avec mes valeurs. »

N'hésite pas à revenir sur ces questions et à actualiser ou préciser tes réponses par la suite si tu en ressens le besoin. Ce rituel est à refaire autant de fois qu'on le souhaite : il est toujours possible d'affiner les rôles dans lesquels on se sent soi-même, de faire du tri et de se sentir plus proche de son essence.

Les pierres du zodiaque

Chaque pierre a des propriétés et des vertus bien particulières : c'est le principe de la lithothérapie. Ainsi, il est possible d'associer certaines pierres à chaque signe astrologique en fonction de leurs caractéristiques et spécificités ; c'est un outil supplémentaire qui peut t'aider à te (re)connecter à ton signe astrologique et à son essence pure.

N.B. : Sache que toutes les pierres se « purifient », à l'achat, puis environ une fois par mois, car elles absorbent les énergies environnantes. Elles se rechargent toutes à la lumière de la pleine Lune, mais d'autres préfèrent le Soleil. Enfin, tu peux simplement utiliser une fleur de vie ou une coquille Saint-Jacques pour le rechargement.

PIERRE DU BÉLIER
LE JASPE ROUGE

Cette pierre est liée au chakra racine, elle apporte l'équilibre et un sentiment de sécurité. Elle rassure également face à la peur de l'inconnu. Elle aide à vivre dans l'instant présent sans crainte, ce qui est parfait pour le petit Bélier, qui a beaucoup de projets en tête, mais qui, malgré sa tête brûlée, peut avoir très peur de se lancer lors de certaines grandes étapes de sa vie.

- **COMMENT LA PORTER ?** En bracelet, ou glisser la pierre dans un sac ou la poche d'un de ses vêtements.
- **COMMENT LA PURIFIER ?** Avec de l'eau salée ou en la déposant sur un lit de gros sel.
- **COMMENT LA RECHARGER ?** À la lumière directe du Soleil ou à la lumière du jour.

Autres pierres qui correspondent à ce signe : la cornaline, le cristal de roche et la howlite.

PIERRE DU TAUREAU
L'ÉMERAUDE

Cette magnifique pierre verte accentue la bienveillance et la compassion. Elle apporte l'harmonie et la paix intérieure. Elle favorise les relations et la compréhension de ceux qui entourent le porteur. Ce qui est parfait pour le Taureau, qui a toujours tendance à se montrer très têtu, inflexible, et qui a du mal à ouvrir son cœur, même quand il le souhaite sincèrement.

- **COMMENT LA PORTER ?** En bracelet, en bague, ou glisser la pierre dans un sac ou la poche d'un de ses vêtements.
- **COMMENT LA PURIFIER ?** Avec de l'eau salée ou en la déposant sur un lit de gros sel.
- **COMMENT LA RECHARGER ?** À la lumière directe du Soleil ou à la lumière du jour.

Autres pierres qui correspondent à ce signe : le quartz rose, l'œil de Taureau et l'aventurine.

PIERRE DU GÉMEAUX
LA CITRINE

Cette délicate pierre translucide et jaunâtre favorise l'échange, la compassion et l'optimisme. Elle aide à être honnête et juste dans les critiques qu'on porte aux autres. Elle favorise également la communication et permet au porteur d'être plus à l'aise pour parler et, notamment, pour prendre la parole en public. Elle est idéale pour le Gémeaux, qui est un excellent communicant mais qui peut manquer de confiance en lui.

- **COMMENT LA PORTER ?** En bracelet, en boucles d'oreilles, ou glisser la pierre dans un sac ou la poche d'un de ses vêtements.
- **COMMENT LA PURIFIER ?** Avec de l'eau salée ou en la déposant sur un lit de gros sel.

- **COMMENT LA RECHARGER ?** À la lumière directe du Soleil ou à la lumière du jour.

Autres pierres qui correspondent à ce signe : l'aventurine, le jade et la calcédoine.

PIERRE DU CANCER
LA PIERRE DE LUNE

Cette belle pierre féminine favorise la créativité, la sensibilité à l'art mais aussi à l'esthétique en général. Elle développe l'intuition et est conseillée pour les relations amoureuses. Favorisant la fertilité, elle est souvent recommandée pour les femmes qui désirent un enfant. Elle est liée à l'esprit du Cancer en tant qu'éveilleuse de la conscience et de l'intuition. Elle permet à ce signe réservé de prendre confiance en ses prémonitions.

- **COMMENT LA PORTER ?** En bracelet, en collier, ou glisser la pierre dans un sac ou la poche d'un de ses vêtements.
- **COMMENT LA PURIFIER ?** Avec de l'eau salée ou en la déposant sur un lit de gros sel.
- **COMMENT LA RECHARGER ?** À la lumière de la pleine Lune.

Autres pierres qui correspondent à ce signe : le sélénite, la rhodonite et la sodalite.

PIERRE DU LION
LA PIERRE DE SOLEIL

Cette pierre orangée favorise les relations amicales, l'entente et les contacts chaleureux. Elle facilite les rencontres et les échanges tout en rendant le porteur joyeux et bienveillant. C'est une pierre d'optimisme et de courage, liée au chakra du plexus solaire. Avec cette belle énergie, elle est sans conteste la pierre parfaite pour s'allier à l'énergie solaire du Lion.

- **COMMENT LA PORTER ?** En bracelet, en collier, ou glisser la pierre dans un sac ou la poche d'un de ses vêtements.
- **COMMENT LA PURIFIER ?** Avec de l'eau salée ou en la déposant sur un lit de gros sel.
- **COMMENT LA RECHARGER ?** À la lumière directe du Soleil ou à la lumière du jour.

Autres pierres qui correspondent à ce signe : la pyrite, le jaspe jaune et la citrine.

PIERRE DE LA VIERGE
L'AMAZONITE

Cette pierre d'un bleu-vert pâle éveille l'âme d'enfant de la personne qui la porte. Elle permet de prendre du recul et d'observer les situations avec moins de sérieux. Elle aide à relativiser et à vivre dans l'instant présent. Elle favorise une vision de la vie optimiste et lutte contre les frustrations. C'est la pierre idéale pour notre douce Vierge, souvent trop critique envers le monde et envers elle-même – et également (trop) exigeante par rapport à son image et à sa vie.

- **COMMENT LA PORTER ?** En bracelet, en collier, ou glisser la pierre dans un sac ou la poche d'un de ses vêtements.
- **COMMENT LA PURIFIER ?** Avec de l'eau salée ou en la déposant sur un lit de gros sel.
- **COMMENT LA RECHARGER ?** À la lumière directe du Soleil ou à la lumière du jour.

Autres pierres qui correspondent à ce signe : la turquoise, la calcite rose et l'œil-de-tigre.

PIERRE DE LA BALANCE
LE QUARTZ ROSE

Cette pierre rose (si appréciée) favorise l'amour de soi, mais également l'amour envers les autres. Elle réduit le stress et apaise l'anxiété. Elle permet une communication sans conflit et apporte la sérénité en couple. Ce cristal, qui semble tout droit venu de Vénus, est sans conteste la pierre qui correspond au tempérament doux et équilibré de la Balance.

- **COMMENT LA PORTER ?** En bracelet, en bague, ou glisser la pierre dans un sac ou la poche d'un de ses vêtements.
- **COMMENT LA PURIFIER ?** Avec de l'eau salée ou en la déposant sur un lit de gros sel.
- **COMMENT LA RECHARGER ?** À la lumière de la pleine Lune.

Autres pierres qui correspondent à ce signe : la rhodonite, le lépidolite et l'amétrine.

PIERRE DU SCORPION

L'ONYX

Cette pierre noire lutte contre les coups de mou et la dépression. Elle aide à garder le contrôle de soi et le sens des responsabilités et permet aux personnes trop évasives de garder les idées claires et nettes et de se concentrer sur l'essentiel. C'est sans aucun doute la pierre qui se rapproche le plus du tempérament intense et mystérieux du Scorpion. Elle l'aide également à se protéger des ondes négatives.

- **COMMENT LA PORTER ?** En bracelet, en collier, ou glisser la pierre dans un sac ou la poche d'un de ses vêtements.
- **COMMENT LA PURIFIER ?** Avec de l'eau salée ou en la déposant sur un lit de gros sel.
- **COMMENT LA RECHARGER ?** À la lumière directe du Soleil ou à la lumière du jour.

Autres pierres qui correspondent à ce signe : l'obsidienne neige, le rubis sur fuschite et l'hématite.

PIERRE DU SAGITTAIRE

LE LAPIS-LAZULI

Cette superbe pierre bleu foncé aux reflets dorés booste la créativité et l'élévation de soi. Propice à la réflexion et à la concentration, elle a également la réputation d'apporter la sagesse et la réflexion. Elle est parfaite pour entretenir la vision philosophe du Sagittaire et l'inciter à penser davantage avant d'agir. Elle peut aussi l'aider lorsqu'il a une panne d'inspiration.

- **COMMENT LA PORTER ?** En bracelet, en collier, ou glisser la pierre dans un sac ou la poche d'un de ses vêtements.
- **COMMENT LA PURIFIER ?** Avec de l'eau salée ou en la déposant sur un lit de gros sel.
- **COMMENT LA RECHARGER ?** À la lumière directe du Soleil ou à la lumière du jour.

Autres pierres qui correspondent à ce signe : la turquoise, la mokaïte et le jaspe rouge.

PIERRE DU CAPRICORNE
L'ŒIL-DE-TIGRE

Cette pierre brune et dorée est régulièrement utilisée comme protection contre les ondes négatives, mais elle est également parfaite pour les personnes qui ont besoin de cultiver leur empathie, sans se laisser submerger par les énergies environnantes. Elle lutte contre les influences des énergies nocives et elle stimule la volonté. Toutes ces vertus la rendent idéale pour l'individu qui naît sous le signe du Capricorne.

- **COMMENT LA PORTER ?** En bracelet, en collier, ou glisser la pierre dans un sac ou la poche d'un de ses vêtements.
- **COMMENT LA PURIFIER ?** Avec de l'eau salée ou en la déposant sur un lit de gros sel.
- **COMMENT LA RECHARGER ?** À la lumière directe du Soleil ou à la lumière du jour.

Autres pierres qui correspondent à ce signe : la fluorite, le grenat et la malachite.

PIERRE DU VERSEAU
L'AMÉTHYSTE

Cette célèbre pierre violette favorise le calme mental en apaisant l'anxiété et le stress. Elle réduit les troubles du sommeil, permet de libérer ses pensées, nourrit la confiance en soi et équilibre le plan émotionnel. Cette pierre peut donc calmer les impulsivités du Verseau tout en lui permettant de cultiver sa spiritualité. C'est une pierre qui peut lui permettre de concrétiser ses idées les plus avant-gardistes.

- **COMMENT LA PORTER ?** En bracelet, en collier, en bague, ou glisser la pierre dans un sac ou la poche d'un de ses vêtements.
- **COMMENT LA PURIFIER ?** Avec de l'eau salée ou en la déposant sur un lit de gros sel.
- **COMMENT LA RECHARGER ?** À la lumière de la pleine Lune.

Autres pierres qui correspondent à ce signe : l'azurite, l'agate mousse et la labradorite.

PIERRE DU POISSONS
L'AIGUE-MARINE

Cette pierre bleue translucide favorise l'apaisement, l'écoute et la communication. Elle renforce le côté artistique et permet de lutter contre les peurs de la personne qui la porte. Elle invite également à davantage d'objectivité, ce qui est parfait pour notre ami le Poissons, qui idéalise souvent les relations et les situations vécues. Cette pierre lui permet de faire la part des choses tout en éveillant sa créativité.

- **COMMENT LA PORTER ?** En bracelet, en bague, ou glisser la pierre dans un sac ou la poche d'un de ses vêtements.

- **COMMENT LA PURIFIER ?** Avec de l'eau salée ou en la déposant sur un lit de gros sel.
- **COMMENT LA RECHARGER ?** À la lumière de la pleine Lune.

Autres pierres qui correspondent à ce signe : le jaspe océan, l'ammonite et l'améthyste.

Chère étoile, lorsque tu descendras sur Terre,
Il n'est pas impossible que tu y retrouves tes pairs
Certains seront égarés,
Perdus dans le monde de leurs peurs,
À mille lieues de leurs âmes sœurs
Il sera de ton devoir
De reconnaître ceux et celles qui t'entourent
Et de les revoir
Pour continuer à remplir leur cœur d'espoir
Et leur montrer qu'amour et gloire
Ne font qu'un.

L'astrologie, un conseiller sentimental

L'AMOUR SOUS LES ÉTOILES

Ah… l'amour, l'amour ! Ô l'amour, ce carburant magique !

Du regard qu'on pose sur soi dans le miroir le matin au bisou tendrement envoyé à notre chien avant de partir, en passant par l'appel de notre mère qu'on reçoit après le boulot, l'embrassade avec nos meilleurs copains et les bras de notre +1 qu'on s'empresse de retrouver le soir, il faut reconnaître que l'amour nous alimente et nous anime au quotidien. Mais, s'il y a bien une sorte d'amour qui nous fascine autant qu'elle nous désespère, c'est bien l'amour romantique, celui avec un grand A.

Certaines d'entre nous s'éprendront de l'amour pimenté, passionné et torride tandis que d'autres préféreront l'amour *al dente*, justement dosé et sans excès. D'autres encore dégusteront l'amour comme une friandise ponctuelle dont la rareté fait toute la saveur ou ne se laisseront emporter que par un amour libre et surprenant, en dehors des sentiers battus.

Mais parfois, au fil du temps et des relations, on peut perdre de vue ses ingrédients préférés, ceux qui nous font du bien, ceux qu'on ne digère pas très bien ou qu'on ne tolère pas du tout. Résultat, on est perdue et on ne sait plus quelle est sa recette unique et personnelle, celle qui nous nourrit de l'intérieur.

C'est là qu'il est bon de faire un petit *refresh* pour se reconnecter à ses envies et ses besoins profonds, et se poser cette question : qui correspond le mieux à cette étoile brillante que tu deviens, un peu plus, chaque jour ?

Quelle amoureuse suis-je ?

Fais-tu partie de ces étoiles pour qui l'amour est un indispensable au quotidien, une source d'inspiration, un second souffle ? Ou comptes-tu parmi celles, intrépides et solitaires, qui ont besoin d'espace et d'indépendance ? Ou peut-être es-tu un mélange complexe de besoin de fusion et de liberté ? Pas de panique, les étoiles sont là pour t'aider à y voir plus clair.

L'AMOUR SOUS TON SOLEIL

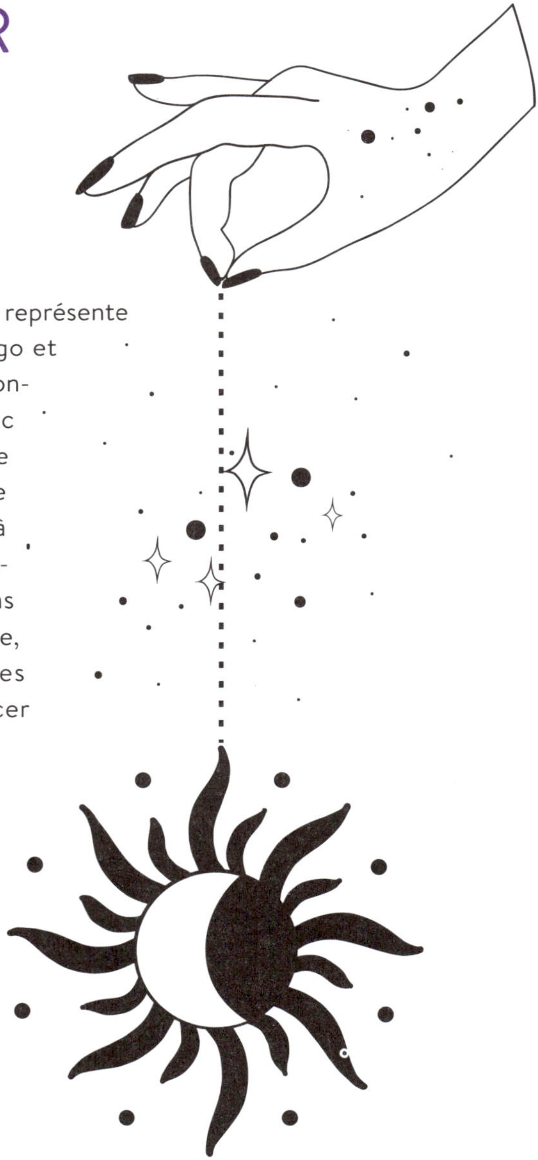

Comme on l'a vu, le Soleil représente ton énergie vitale, ton ego et près d'un quart de ta personnalité, nous allons donc commencer par étudier de plus près ce que ton signe solaire dit de ton rapport à l'amour. Si tu ne te reconnais pas entièrement dans la description de ton signe, c'est normal : tes autres planètes viennent nuancer l'impact du Soleil !

Bélier

Dans son énergie féminine, le Bélier est une leader-née, sans peur et courageuse. Elle est énergique, charismatique, dynamique et amoureuse des défis et des aventures. Si elle est sujette aux coups de foudre, ce sera souvent elle qui préférera faire le premier pas. Séductrice et indépendante, elle est réputée pour être extrêmement passionnée et sexuelle, ce qui peut facilement la rendre irrésistible pour l'individu qu'elle a en ligne de mire. Comme elle est toujours très active et a une vie riche et animée, elle ne se laissera jamais envahir par son partenaire lorsqu'elle est en couple, même si elle a une grande soif d'amour. Elle essaye toujours de garder le contrôle de la relation.

CHECK-LIST DE **L'AMOUREUSE BÉLIER**

- Tu aimes pouvoir prendre l'initiative au sein de ta relation
- Tu es extrêmement fidèle et parfois un peu trop jalouse
- Tu es attirée par les personnes aussi indépendantes que toi
- Tu as besoin de sentir la passion au quotidien
- Le sexe est une manière de montrer tes sentiments

Taureau

Dans son énergie féminine, le Taureau est une personne belle, intègre et disciplinée. Il faut faire appel à son sens de la romance pour la séduire, car c'est une femme qui aime être courtisée et lentement séduite, même lorsqu'elle a déjà décidé de se lancer dans une relation. Elle a besoin que les choses se fassent étape par étape ; aussi, il ne faut absolument pas la brusquer, au risque de la voir se détourner rapidement. Malgré son grand épicurisme et son plaisir des sens, elle prend son temps avant de s'engager avec l'autre. Elle réfléchit longuement et sérieusement pour être bien sûre de ses choix.

CHECK-LIST DE **L'AMOUREUSE TAUREAU**

- Tu aspires au véritable amour et à la sécurité
- Tu apprécies la simplicité des belles choses de la vie
- Tu te dévoues au maintien du bon équilibre dans ton foyer
- Tu es amicale en public et affectueuse dans l'intimité
- Tu es une douce âme vénusienne, mais tu n'en restes pas moins sensuelle

Gémeaux

Dans son énergie féminine, le Gémeaux est une personne polyvalente, adaptable et changeante : il faut être capable de suivre sa double nature. En effet, elle peut être douce et affectueuse un jour, puis froide et distante le lendemain. Si elle est ainsi, c'est parce qu'elle a peur de se sentir vulnérable. Elle préfère les histoires sans souci et sans lendemain qui évitent qu'elle s'attache trop – et limitent le risque de souffrir. Pleine d'esprit, enthousiaste et intellectuelle, elle n'est pas timide et espère trouver une personne qui lui donnera envie de rester pendue à ses lèvres, au sens propre comme au figuré. Les débats et les grandes conversations la passionnent.

CHECK-LIST DE **L'AMOUREUSE GÉMEAUX**

- T'engager dans une relation sérieuse et longue t'effraie
- Tu as besoin de quelqu'un·e qui satisfasse tes besoins sexuels et intellectuels
- Tu aimes être avec une personne ouverte d'esprit
- Selon toi, l'amour doit être synonyme de surprises au quotidien
- Tu adores les relations entre amour et amitié

Cancer

Dans son énergie féminine, le Cancer a une personnalité qui peut être assez compliquée mais, au fond, c'est une âme aimante et conservatrice. Susceptible, elle se sent souvent vulnérable face à ses émotions ; c'est la raison pour laquelle elle ne tombera pas facilement amoureuse, encore moins si son intuition ne la guide pas correctement. Lorsque sa confiance est gagnée, elle se montre passionnée et attachante. Pour la séduire, il faut souvent faire le premier pas, en tenant compte de son besoin d'être respectée et considérée. Romantique et prête à aimer, cette femme a besoin d'un·e partenaire romantique, qui croit en l'amour et qui est en phase avec ses sentiments profonds.

CHECK-LIST DE **L'AMOUREUSE CANCER**

- Tu cherches le respect et l'honnêteté de ton·ta partenaire avant tout
- Tu désires fonder une famille et transmettre un héritage
- Lorsque tu es blessée, tu deviens très imprévisible
- Tu n'oublies jamais une trahison, et cela peut te rendre dure et froide
- Malgré ta nature prudente, tu es une femme profondément érotique

Lion

Dans son énergie féminine, le Lion est une personne solaire et chaleureuse. Au quotidien, elle est motivée par l'envie d'être appréciée des autres et admirée pour ses talents uniques. Pour la séduire, il faut la complimenter, la mettre sous les feux des projecteurs et la faire se sentir spéciale, par exemple en l'emmenant dans un cadre assez luxueux. Elle aime les partenaires romantiques qui lui font sentir qu'elle est le centre de leur monde. Pour gagner son cœur, il faut lui montrer clairement l'importance qu'elle a dans la construction de l'alchimie du couple. Elle a un sacré tempérament avec lequel il faut pouvoir rivaliser pour ne pas céder à tous ses caprices.

CHECK-LIST DE **L'AMOUREUSE LION**

- Tu aimes sortir pour aller au cinéma, au théâtre ou dîner aux chandelles
- Tu adores être couverte de cadeaux par ton·ta +1
- Tu peux être assez dominatrice en amour et aimer garder le contrôle
- Tu mets ton·ta partenaire sur le même piédestal que toi
- Tu es franche et honnête, il n'y a jamais de double jeu avec toi

Vierge

Dans son énergie féminine, la Vierge est un fin mélange d'intelligence, de bon sens et d'engagement. C'est une femme qui se souvient des détails, qui est modeste et capable d'atteindre les objectifs qu'elle se fixe. Essayer de la séduire peut sembler intimidant au premier abord, car on ne sait jamais ce qu'elle pense réellement derrière son air stoïque. Ce qui peut être perçu comme de la froideur est en fait du pragmatisme et un profond sens des réalités. Surtout, elle est très prudente lorsqu'il s'agit de démarrer de nouvelles relations, ce qui explique qu'elle prenne son temps et ne s'ouvre jamais à quelqu'un·e rapidement. Elle observe, jauge et évalue le caractère de l'autre et ses ressentis dès le début pour voir si le jeu en vaut la chandelle.

CHECK-LIST DE **L'AMOUREUSE VIERGE**

- Tu es très méfiante et tu as des difficultés à accorder ta confiance
- Tu es attirée par les personnes intelligentes et sincères
- Tu n'es pas une amoureuse matérialiste ni friande de cadeaux
- Tu ne dévoiles pas tes émotions facilement, tu es souvent sur la défensive
- Tu as besoin d'un.e partenaire qui pourra briser tes a priori

Balance

Dans son énergie féminine, la Balance est sociable, spontanée et bavarde. Pour la séduire, il faut être doué.e avec les mots, mais également savoir écouter car elle aime apprendre de nouvelles choses et parler de ses centres d'intérêt. Malgré sa douceur apparente, elle aime entrer directement dans la vie de son.sa partenaire et créer solidement sa place d'amoureuse. Charmante et intelligente, elle trouve facilement des solutions aux problèmes qui se posent au quotidien. Son.sa partenaire se doit de la garder intéressée et en éveil, car elle risque sinon de se sentir délaissée. En effet, elle a tendance à vite devenir dépendante de l'amour qu'on lui porte.

CHECK-LIST DE **L'AMOUREUSE BALANCE**

- Tu sais comment équilibrer vie affective et vie sociale
- Tu as besoin d'apaiser rapidement les tensions au sein de ton couple
- Séductrice et nonchalante, tu sais comment attirer l'élu.e de ton cœur
- Tu as tout de même tendance à avoir des sautes d'humeur
- Tu cherches la tranquillité et le confort avant tout

Scorpion

Dans son énergie féminine, le Scorpion est une personne fascinante par sa complexité. Discrète et magnétique, elle semble distante et réservée, mais elle cache un volcan de sensualité. D'une grande générosité, elle a le désir de faire le bien dans le monde… mais gare à celui ou celle qui chercherait à la trahir car sa rancune est sans nom. Pour la séduire, il faut être patient·e et disposé·e à la laisser prendre les devants de la relation. Elle réclame une grande attention, qui est justifiée à ses yeux, surtout lorsqu'elle parle. Son côté charmeur peut être trompeur : elle sait cacher son jeu et ne se laisse pas apprivoiser dès le premier rendez-vous. Pour elle, toutes les bonnes choses se méritent et nécessitent du temps… et son cœur ne déroge pas à la règle.

CHECK-LIST DE **L'AMOUREUSE SCORPION**

- Pour gagner ton amour, l'autre doit s'armer de patience
- Lorsque tu es en couple, tu donnes tout sans compter
- Tu pardonnes et oublies très difficilement, voire jamais
- Tu es facilement possessive et jalouse, ce qui est à toi t'est précieux
- Intense et impulsive, tu prends souvent l'initiative au sein de ta relation

Sagittaire

Dans son énergie féminine, le Sagittaire est une âme libre et sauvage. Très sociable et entourée, elle met souvent l'amour au même niveau que l'amitié. Elle veut profiter de la vie à fond et est déterminée à faire mille et une expériences extraordinaires. Cette grande curieuse peut redouter de s'engager dans une relation, par peur de rater de belles rencontres. Honnête, elle dit toujours ce qu'elle pense. Sa liberté est tout pour elle, elle recherche donc un.e partenaire qui respectera entièrement son indépendance. Pour la charmer, le must est de lui proposer un rendez-vous à l'extérieur. Elle aime l'aventure et les longues conversations qui se terminent au petit matin. Il ne faut jamais hésiter à la défier pour stimuler son instinct passionné.

CHECK-LIST DE **L'AMOUREUSE SAGITTAIRE**

- Tu as souvent des coups de cœur, mais le véritable amour se fait plus rare
- Tu aimes les personnalités qui se démarquent des autres
- Être enfermée dans une relation est ta plus grande peur
- À tes yeux, l'amour se vit comme une grande aventure
- Tu apprécies les flirts et les jeux de séduction

Capricorne

Dans son énergie féminine, le Capricorne est une personne confiante, constante et très fiable. Responsable et ambitieuse, elle s'intéressera à quelqu'un·e qui lui permet de se projeter à deux aisément. Pour lui plaire, il faut s'armer d'un bon sens de l'humour et de beaucoup de patience, car elle ne s'ouvre pas rapidement et prête attention aux détails. Souvent réservée au début du fait de son ascendance saturnienne, elle ne perd pas son temps avec quelqu'un·e qui ne l'intrigue pas. Il faut l'impressionner et lui montrer qu'elle peut compter sur une autre personne qu'elle-même. L'immaturité et l'empressement sont de vrais tue-l'amour pour elle ; elle recherche avant tout la sécurité émotionnelle et financière.

CHECK-LIST DE **L'AMOUREUSE CAPRICORNE**

> Inconsciemment, c'est toi qui domines dans la relation et prends chaque décision
> Tu adores écouter ton.ta partenaire lorsqu'il·elle parle de projets à deux
> Tu as besoin de temps pour accorder ta confiance
> Tu es pudique sur ta vie sexuelle, mais *on fire* dans ton intimité
> Te faire rire est un bon argument pour te séduire

Verseau

Dans son énergie féminine, le Verseau est une personne mystérieuse dotée d'un sens de l'humour unique et d'une vision originale du quotidien. C'est une âme libre, indépendante et extravagante qui peut se montrer incohérente et donner des signaux contradictoires. Pour l'approcher, il faut d'abord entrer dans son cercle proche afin de devenir son ami·e. Elle peut être difficile à cerner du fait de ses multiples facettes. Grande amatrice de conversations et de débats, elle est souvent attirée par les personnes qui savent parler et qui ont des choses à lui apprendre. Comme elle a tendance à avoir peur de l'engagement, il est important de lui montrer que l'amour ne remettra pas en cause son indépendance.

CHECK-LIST DE **L'AMOUREUSE VERSEAU**

- En couple, tu aimes tester diverses nouveautés et expérimenter
- Avec toi, il faut à tout prix éviter d'être insistant ou trop collant
- Tu as du mal à exprimer concrètement ce que tu ressens
- Tu intellectualises beaucoup : les mots sont aussi importants que les démonstrations d'affection
- Tu ne tolères pas les formes de contrôle, tu tiens à ta liberté à tout prix

Poissons

Dans son énergie féminine, le Poissons est une personne charmante, imaginative et sensible. La romance et l'humour sont deux des qualités qu'elle recherche en priorité chez son.sa partenaire. Compatissante et douce, elle est emplie d'amour inconditionnel et cherche à le partager avec qui voudra faire partie de son monde si particulier. Elle est capable de s'ouvrir rapidement et spontanément, mais aussi prête à tout stopper net si elle sent que la relation n'est pas à la hauteur de son investissement émotionnel. Le sexe est aussi important pour elle que les discussions animées.

CHECK-LIST DE **L'AMOUREUSE POISSONS**

- Tu es (trop) souvent attirée par des personnes qui ont besoin d'être « sauvées »
- Sensible de nature, tu comprends vite que l'erreur est humaine
- Tu as besoin d'être avec une personne entière et authentique
- Tu as un côté possessif bien caché derrière ton sourire angélique
- Te sentir connectée émotionnellement à l'autre est indispensable

LES SIGNES ASTROLOGIQUES ET LES ÉMOTIONS

Chaque signe a une relation bien particulière à l'amour et une façon propre d'exprimer et d'accueillir les émotions et les sentiments. Et toi, es-tu plutôt cœur d'artichaut, grand cœur ou cœur de pierre ?

Bélier

Comme tu es le signe de feu le plus connecté à tes émotions, elles ont tendance à sortir de façon explosive et imprévisible. Tu es intense, passionnée et extrêmement spontanée.

Taureau

L'amour occupe une grande place dans ton cœur... tout comme les plaisirs terrestres, ô grande romantique épicurienne que tu es ! Le combo parfait pour toi inclut : ton.ta chéri.e, du bon vin et ta pizza favorite.

Gémeaux

Tu aimes séduire, flirter et prendre part à des jeux de séduction... via la parole. Tu sais comment complimenter les autres, leur dire ce qu'ils souhaitent entendre et t'attirer leurs grâces avec tes mots.

Cancer

Hypersensible et intuitive, tu es sûrement un des plus grands cœurs du zodiaque. Tu sais comment donner aux autres, souvent sans rien attendre en retour. Mais veille à te protéger aussi quand tu le peux.

Lion

Tu rayonnes d'amour ! Un amour que tu te donnes à toi-même et qui t'aide à apprendre à aimer les autres, car il n'y a pas d'amour de l'autre sans amour de soi. Tu es généreuse, chaleureuse et tellement solaire !

Vierge

Tu ressens beaucoup de choses, mais tu n'en parles que trop peu. Tu es pudique et introvertie quand il s'agit de communication émotionnelle, ce qui peut donner l'impression que ton cœur est fait de glace. Apprends à mettre de côté ta rationalité de temps en temps : tes émotions sont tes amies.

Balance

Aimer les autres, c'est inné chez toi. Tu remarques très facilement les qualités des autres, ce qui te rend très douée pour les complimenter. Cependant, tu as tendance à t'oublier et à ne pas assez te mettre en avant.

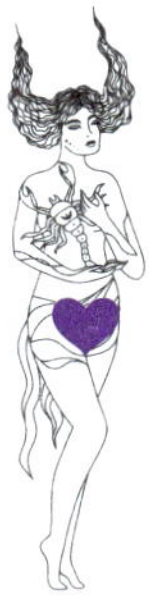

Scorpion

La sexualité est importante pour toi, fille de Pluton. Quand tu aimes ou désires quelque chose, tu es passionnée et dévouée à 200 %. Si tu peux paraître froide en public, dans l'intimité, tu dévoileras ton amour à ton.ta partenaire sous la couette.

Sagittaire

Héritière de Jupiter, planète de l'expansion et du bonheur, tu sais comment partager l'abondance avec autrui. Et, surtout, comment partager ton amour. « Généreuse » et « optimiste » sont tes deux surnoms : tu vois la vie en rose !

Capricorne

À première vue, ton air sérieux et responsable ne laisse pas entrevoir d'émotions. Une solide carapace de pierre entoure ton cœur en or, et seuls quelques privilégiés ont le droit d'y entrer.

Verseau

Tes émotions sont très compliquées à comprendre... autant pour ceux qui t'entourent que pour toi-même. Tu es une fausse extravertie, une hypersensible insensible, une philanthrope capricieuse. Tu es pleine de contradictions, mais on t'aime quand même.

Poissons

« Amour » pourrait être ton surnom. Tu es sûrement l'âme du zodiaque qui donne le plus, toujours prête à fusionner avec ceux et celles qui comprendront ta grande sensibilité et construiront des projets avec toi. Veille à ne pas trop idéaliser celui.celle que tu aimes.

VRAI OU **FAUX ?**

Voici de quoi tester tes connaissances sur la relation qu'entretient chaque signe astrologique avec l'amour. (Les réponses se trouvent page suivante.)

1. Le Poissons est réputé pour idéaliser son.sa partenaire.

Vrai - Faux

2. Le Verseau n'apprécie pas de sortir de sa zone de confort ni de tester de nouvelles choses en couple.

Vrai - Faux

3. Le Capricorne est gouverné par Saturne, d'où son côté taciturne.

Vrai - Faux

4. Deux personnes nées sous le même signe sont d'office faites pour bien s'entendre.

Vrai - Faux

5. Le Gémeaux est réputé pour être infidèle.

Vrai - Faux

6. La Balance et le Taureau sont les plus romantiques du zodiaque.

Vrai - Faux

7. Le Bélier et le Scorpion expriment leurs émotions de manières similaires.

Vrai - Faux

8. Tes émotions sont uniquement guidées par ton signe solaire.

Vrai - Faux

1. Vrai

En tant que signe gouverné par Neptune, la planète des idéaux et des croyances, le Poissons a tendance à idéaliser son.sa partenaire de cœur, voire à se sacrifier pour lui.elle. C'est une âme qui doit apprendre à équilibrer ce qu'elle donne aux autres et ce qu'elle se donne à elle-même.

2. Faux

Le Verseau est connu pour aimer bouger, sortir des sentiers battus et pimenter son quotidien. C'est pour cela que c'est un signe attiré par les personnalités aventureuses et ouvertes d'esprit.

3. Vrai

Cependant, ce n'est pas parce que le Capricorne est un signe taciturne et réservé qu'il est sans cœur. C'est simplement un être qui est très sélectif sur le plan social et qui dévoile rarement ses états d'âme.

4. Faux

Il n'y a pas que les signes solaires qui sont à prendre en compte. Si leurs ascendants, leurs lunaires et d'autres aspects de leurs thèmes entrent en conflit, il est tout à fait possible que deux personnes nées sous le même signe soient en réalité très différentes et ne s'entendent pas.

5. Vrai

Le Gémeaux est un signe qui a mauvaise réputation en amour, notamment à cause de son instabilité et de sa difficulté à s'engager durablement en couple. Pourtant, lorsqu'il trouve enfin chaussure à son pied et voit en quelqu'un·e la possibilité d'être surpris quotidiennement, il est capable de s'investir de façon exclusive, du moment qu'on respecte son besoin de liberté.

6. Vrai

Ce sont les deux signes dirigés par Vénus, la planète de l'amour, c'est ce qui vaut au Taureau et à la Balance leur caractère romantique.

7. Vrai

Bélier et Scorpion sont tous deux guidés par les énergies de Mars, ce qui indique que ce sont des êtres aux émotions fortes, passionnées et parfois destructrices.

8. Faux

Je t'invite à découvrir les pages suivantes pour voir si tu corresponds également à ton signe ascendant, à ton signe lunaire et à ta Vénus. Eh oui ! Ce serait bien trop facile si ton signe solaire te suffisait pour comprendre tes réactions amoureuses. Il constitue le premier ingrédient de ta recette de l'amour, un ingrédient essentiel, mais qui ne suffit pas pour cerner ton profil amoureux et tes besoins.

CE QUE DIT L'ASTROLOGIE DE TA DESTINÉE AMOUREUSE

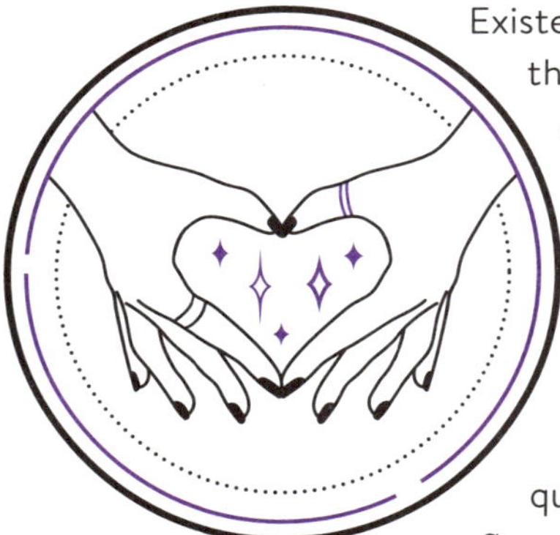

Existe-t-il sur Terre une personne dont le thème natal est à 100 % compatible avec le tien ? Peut-être. Mais trouver et rencontrer cette personne me semble un peu fou dans un monde où vivent plus de 7 milliards d'âmes au quotidien. Et puis, avoue-le : le principe de l'amour parfait est un peu démodé, non ? Et s'il n'y avait pas qu'une seule âme jumelle, âme sœur ou flamme jumelle (peu importe l'appellation qu'on lui donne aujourd'hui) qui t'était destinée ? Laissons de côté cette vision de l'amour très exclusive et à l'eau de rose pour nous pencher sur les dires de l'astrologie. Plutôt qu'une fin heureuse digne d'un conte de fées qui serait livrée à domicile, elle propose de nous offrir une véritable quête, faite de rencontres et d'évolutions.

Car, j'en suis persuadée, l'amour est là pour nous faire grandir.

Avant même de savoir si l'autre est fait (ou pas) pour soi, la recherche de l'amour apprend à prendre sur soi, à sortir de sa zone de confort, à dévoiler son cœur, à tester ses propres limites ; qu'une relation ait une fin heureuse ou non, c'est donc une excellente expérience qui nous permet de chaque fois en sortir grandi·e·s.

Que l'amour ait été long, court, intense, passionné ou platonique, chacune de nos rencontres nous permet de (re)découvrir une partie de nous-même et d'affiner ce qui, dans une relation, est pour nous indispensable, rédhibitoire, souhaitable ou acceptable. Rien n'arrive par hasard : chaque âme qui croise notre route détient une leçon de vie que les astres ont soigneusement préparée pour nous.

ÂME SŒUR OU ÂMES SŒURS ?

Selon l'astrologie, nous n'avons pas une âme sœur unique mais plusieurs : nous faisons partie d'une famille entière d'âmes qui vibrent à la même fréquence que nous. Mais « âme sœur » n'est pas forcément synonyme d'amour romantique ; elle peut se manifester sous la forme d'un·e meilleur·e ami·e, un frère, une sœur, une mamie, un cousin… ou un·e amoureux·se, bien évidemment.

Ce sont des âmes que nous recroisons dans nos différentes incarnations et qui nous aident à grandir, à évoluer et à devenir qui nous sommes. Ces rencontres – qui sont en fait des retrouvailles – sont appelées « rencontres karmiques » puisque c'est le karma[1] qui complote secrètement pour les mettre sur notre route à un instant T.

Comment les repérer ? Par exemple, lorsqu'on rencontre une personne avec qui le feeling passe immédiatement, comme si on la connaissait depuis toujours – lors d'un transit de Vénus favorable. Ou bien lorsqu'on recroise lors d'une soirée – en pleine période de Mercure rétrograde – notre premier amour qui nous a fait tant souffrir et qu'on réalise que

1. Concept fondamental dans les religions indiennes, il représente les conséquences de nos actes qui resteraient accrochées à notre âme. C'est une notion régulièrement utilisée pour expliquer les phénomènes cycliques ou de cause à effet.

la personne avec qui on vient de se mettre en couple lui ressemble beaucoup…

Si tu es de Soleil ou d'ascendant Vierge ou Scorpion et que tu es une fine observatrice, tu te dis peut-être qu'il est donc possible de rater ou de ne tout simplement pas croiser certaines de tes âmes sœurs dans cette vie-ci. Et tu as entièrement raison. Selon ton chemin de vie et les expériences que tu accumules au fil du temps, il est tout à fait possible que tu ne croises que très peu d'âmes sœurs et peut-être aucune sur le plan amoureux dans cette vie. En effet, le chemin de certain·e·s d'entre nous peut être simplement d'apprendre à créer de nouveaux liens avec des personnes qu'on rencontre pour la première fois.

QUELLE AMOUREUSE ES-TU ?

Même si, au fil des relations et des rencontres, tu as pu explorer les grandes lignes de ton profil amoureux, l'astrologie te permet de cerner un peu mieux ton tempérament amoureux pour identifier tes besoins, ce que tu recherches en couple mais aussi quel genre de personnes te correspond… et bien plus.

C'est l'heure de reprendre ton thème natal sous les yeux, chère étoile.

ANALYSE DU PROFIL AMOUREUX : SIGNES ASCENDANT ET DESCENDANT

Pour cette analyse, on veillera à prendre en compte ton signe solaire et ton signe ascendant, qui représentent respectivement une grande part de ta personnalité au quotidien et ce vers quoi tu tends au cours de ta vie. On regardera également de près ce qui se trouve à l'opposé de ton signe ascendant : le signe descendant. En effet, ce dernier gouverne la septième maison zodiacale, qui représente le couple, l'association, le mariage et ce que tu recherches chez l'autre. Ton signe descendant est donc un indicateur très pertinent concernant le genre de personnes qui va t'attirer physiquement et intellectuellement, mais aussi concernant le type de relation de couple qui te permet de t'épanouir. Car, selon l'astrologie, être avec une personne qui te correspond réellement fera ressortir tes plus belles vertus tout en atténuant tes plus vilains défauts.

SIGNE ASCENDANT Comment je suis	SIGNE DESCENDANT Ce que je recherche
BÉLIER Tu es pleine de volonté, d'énergie et de détermination. Tu adores prendre les devants et diriger un projet, l'initiative te plaît. Tu dois simplement veiller à ne pas te montrer trop impatiente ou prendre des décisions impulsives sur un coup de tête.	**BALANCE** Tu es née pour te lier aux autres. L'association, le travail en équipe, le mariage… ce sont autant de choses qui te boostent et te stimulent jour après jour. L'amour est vital pour toi, mais tu as besoin d'une personne aussi indépendante que toi.
TAUREAU Tu es stable et équilibrée. Tu recherches avant tout ta tranquillité et la paix dans ton quotidien ainsi que l'abondance. Déterminée et obstinée, tu es patiente et tu sais attendre lorsque tu désires réellement quelque chose. Assez conservatrice, tu agis de manière prudente car la sécurité est primordiale pour toi.	**SCORPION** La passion est un véritable moteur pour toi. Tu recherches une relation intense et fusionnelle. Cependant, tu dois veiller à ne pas sombrer dans des passions destructrices et garder la tête froide lorsqu'il le faut. Tu cherches un.e partenaire sensible, intuitif·ve et réceptif·ve qui ajoutera du piment dans ton quotidien.
GÉMEAUX Tu es une grande curieuse, sociable et bonne communicante. Tu as du mal à ne pas t'éparpiller à cause de ta soif de connaissances. Apprendre est ton activité préférée. Tu t'adaptes très vite et très facilement à toute situation et aux personnes qui croisent ta route.	**SAGITTAIRE** C'est dans le partage et l'échange avec autrui que tu t'épanouis le plus. La passion est importante en amour, mais tu as aussi besoin de moments en solitaire où tu as cette sensation de liberté. Tu as souvent des envies de projet à deux sur un coup de tête.

SIGNE ASCENDANT Comment je suis	SIGNE DESCENDANT Ce que je recherche
CANCER Plutôt rêveuse, tu es sensible, empathique et imaginative. La famille est très importante pour toi, et tu rêves sûrement depuis ton jeune âge de fonder la tienne. Tu peux parfois être timide et influençable, veille à écouter ton intuition quand il le faut.	**CAPRICORNE** Tu recherches un.e conjoint.e sérieux·se, responsable et qui t'apporte une sécurité émotionnelle. Tu privilégies les relations sérieuses, les aventures sans lendemain ne t'apportent rien. Tu souhaites garder tes relations (amicales, familiales, amoureuses) pour toujours.
LION Très fière, tu es forte, loyale et généreuse. Tu sais comment t'imposer de la plus belle des manières auprès des autres. Quand tu as une idée derrière la tête, tu es déterminée à la concrétiser. Tu cherches souvent à atteindre tes idéaux avec passion. Tu peux apprécier grandement les enfants.	**VERSEAU** La communication est le pilier de ton couple : tu as ce besoin d'échanger constamment. Tu as besoin d'être en relation avec quelqu'un·e que tu considères autant comme ton·ta conjoint·e que comme ton ami·e. Tu souhaites garder une grande liberté même si tu fondes un foyer.
VIERGE Méthodique et réservée, tu accordes difficilement ta confiance. Tu observes énormément ceux qui t'entourent avant de te dévoiler. Tu analyses tout, même tes émotions, que tu cherches (trop) souvent à contrôler. Tu es de nature anxieuse.	**POISSONS** Tu fais preuve de beaucoup de compassion pour l'être aimé, mais tu dois veiller à ne pas tomber dans une dépendance affective. Tu peux parfois te dévouer au point de te sacrifier. Tu cherches la romance et la sensibilité en couple : l'intimité émotionnelle est indispensable pour toi.

SIGNE ASCENDANT Comment je suis	SIGNE DESCENDANT Ce que je recherche
BALANCE Sociable et chaleureuse, tu sais comment faire une première bonne impression et tu plais spontanément à ceux qui te rencontrent. Tu es très diplomate et tu recherches l'harmonie dans chaque phase de ta vie. Les relations sociales et l'amour sont les piliers de ton quotidien.	**BÉLIER** Ton partenaire doit être une personne enthousiaste, dynamique et active. Bref, une personne ayant un caractère fort qui pourra rivaliser avec le tien. Tu aimes les personnes entreprenantes avec un côté autoritaire. Cela indique aussi que tu es sujette aux coups de foudre.
SCORPION Énergique et courageuse, tu fais toujours ce qu'il faut pour atteindre tes objectifs et le succès. Déterminée et passionnée, tu n'as pas ta langue dans ta poche et tu sais comment t'imposer. Tu as un regard critique et juste sur les autres. Tu dois veiller à ne pas être trop piquante ni trop extrême dans tes propos.	**TAUREAU** Tu rêves de créer un foyer stable et chaleureux. L'amour est essentiel dans ton quotidien. Tu vis tes relations de manière profonde et intense. Ta fidélité est sans pareille. Tu cherches à créer des bases solides, notamment parce que tu as besoin de te sentir en sécurité pour rayonner et t'épanouir à deux.
SAGITTAIRE Optimiste et joyeuse, tu es toujours prête à partir à l'aventure. Tu sais t'adapter aux différentes ambiances et aux gens qui t'entourent. Tu détestes faire du surplace, tu as besoin d'être toujours en mouvement. Indépendante et charismatique, tu ne laisses pas les autres indifférents. Tu as un côté assez franc et honnête qui est rafraîchissant.	**GÉMEAUX** Tu cherches un.e partenaire aussi indépendant.e et curieux.se que toi. Tu peux avoir du mal à t'engager, car rester enfermée dans une relation peut t'effrayer. D'ailleurs, tu ne peux pas t'imaginer avec une personne jalouse et possessive. Tu essayes toujours d'intellectualiser tes ressentis et tu sais comment surprendre l'autre.

SIGNE ASCENDANT Comment je suis	SIGNE DESCENDANT Ce que je recherche
CAPRICORNE Tu as un tempérament naturellement déterminé et volontaire. Tu as besoin de te projeter pour atteindre l'objectif que tu t'es fixé. Tu sais séparer aisément rationalité et émotivité, c'est de cela que tu tires ton efficacité. La solitude ne te fait pas peur, au contraire : elle te renforce. Tu as un côté individualiste.	**CANCER** Ton partenaire doit avoir une grande part de sensibilité pour t'apporter un bel équilibre. Tu peux envisager rapidement de fonder un foyer, à l'image de votre cocon sécurisant. Assez craintive sur le plan des émotions, tu vas chercher un.e partenaire qui panse certaines de tes blessures et qui te rassure.
VERSEAU Entre introversion et extraversion, tu t'adaptes en fonction de ce que réclame le groupe ou la situation dans laquelle tu te trouves. Créative, versatile et indépendante, tu aimes prendre part à des projets collectifs qui sont utiles aux autres.	**LION** Tu adores les défis en amour. Pour toi, ton autre doit avoir un fort tempérament et savoir l'affirmer quand il le faut. Tu aimes être désirée, admirée et choyée. Tu es capable d'en faire beaucoup pour impressionner l'élu.e de ton cœur.
POISSONS Très intuitive et réceptive, tu es sensible et rêveuse. Tu peux avoir du mal avec la froideur ou la distance de certaines personnes ainsi que le fonctionnement de notre société. Tu as un don pour apaiser ton entourage et ceux qui te sollicitent.	**VIERGE** Tu sais comment prendre soin des autres et leur rendre service. Ton autre peut toujours compter sur toi. Mais c'est aussi la raison pour laquelle tu peux te montrer très exigeante au début d'une relation. Tu as besoin de stabilité en amour.

ANALYSE DU PROFIL AMOUREUX : **VÉNUS, MARS ET LA LUNE**

Au-delà du signe ascendant et de son opposé, le descendant, d'autres éléments de ton thème natal peuvent te fournir de précieuses indications sur ton profil amoureux.

♀ Aussi appelée l'étoile du Berger, c'est **VÉNUS** qu'on voit briller jusqu'au petit matin des longues nuits d'hiver. Elle a hérité son nom de la déesse Vénus (aussi appelée Aphrodite dans la mythologie grecque), la déesse de l'Amour et de la Beauté. En plus de diriger le secteur des relations amoureuses, elle gouverne tout ce qui est lié à tes sentiments, ton amour, certains de tes désirs, et à la beauté ; cette planète représente également l'argent et les gains d'un individu. Dans un thème, Vénus apporte aussi des indications sur le type de femmes qui attirent ou que recherche inconsciemment un individu.

MARS s'est vue nommer ainsi car sa couleur rouge a fait d'elle une planète associée à la guerre. Dans la mythologie romaine, Mars (aussi appelé Arès dans la mythologie grecque) est le dieu des Guerriers, de la Jeunesse et de la Violence. C'est, par principe astral, l'opposé de Vénus. Cette planète représente le courage, l'action et la prise de décision d'une personne, mais aussi son énergie et sa libido : c'est un précieux indicateur de tes envies sexuelles et de la dimension charnelle de tes relations. Dans un thème, Mars apporte des informations sur le type d'hommes qui attirent ou que recherche inconsciemment un individu.

LA LUNE est directement rattachée à tes émotions, ta vie affective et, surtout, à ton intimité et ton foyer ; ce principe féminin est un indicateur essentiel pour mieux cerner tes besoins. Comme elle représente la face cachée de ta personnalité – celle qui s'exprime de manière privilégiée avec ta famille, tes proches de longue date –, elle permet d'en savoir plus sur la façon dont tu te comportes avec ton.ta partenaire de vie.

Tu trouveras page suivante un petit récapitulatif des significations de Vénus, Mars et la Lune selon les signes où ils se trouvent.

	Vénus	Mars	Lune
BÉLIER	Vénus en Bélier est franche, directe, audacieuse. Elle aime le piment et la passion. Sujette aux coups de foudre, elle est très indépendante, voire un peu individualiste.	Mars en Bélier est signe d'affirmation de soi, d'instinct et d'audace. Les désirs s'expriment spontanément et directement. La libido est forte. On désire les personnes autoritaires.	**Impulsive et indépendante,** tu n'aimes pas la routine. Tu fais preuve de curiosité et tu es sociable. Tu as un fort caractère, mais tes réactions manquent parfois de diplomatie.
TAUREAU	Vénus en Taureau est romantique, sensuelle, gourmande, affectueuse et sensible. Elle s'exprime pleinement et a le goût des belles choses.	Mars en Taureau est une « force tranquille ». Les désirs sont doux et équilibrés, même si la sensualité et le besoin de toucher l'autre n'en restent pas moins bien présents.	**Confiante et aimable,** tu as le sens de l'accueil, tu fais preuve de bonté et de dévouement. Tu es loyale et sincère, mais tu peux te montrer rancunière si on abuse de ta gentillesse.
GÉMEAUX	Vénus en Gémeaux est versatile, sociable, éloquente et intellectuelle. Elle aime les beaux mots. Sa soif de liberté peut la conduire à l'infidélité.	Mars en Gémeaux est explosif et enthousiaste. Ses envies d'aventures et de nouveautés sur le plan sexuel sont clairement exprimées. Les jeux de séduction sont au rendez-vous.	**Tu aimes parler, communiquer et le contact** avec les autres. Tu as la parole facile, et c'est ainsi que tu te défends le mieux. Tes humeurs sont changeantes.

	Vénus	Mars	Lune
CANCER	Vénus en Cancer est douce, hypersensible, attachante et maternante. Elle a besoin de sécurité et de stabilité. Elle peut avoir tendance à être surprotectrice et très fusionnelle.	Mars en Cancer est un passif. Il préfère rester en retrait et observer ce qui se passe autour de lui. Plutôt conservateur, il redoute de sortir de sa zone de confort. L'émotion est son aphrodisiaque.	**Compréhensive et intuitive,** tu es hypersensible mais aussi très susceptible. Tu peux te montrer influençable, et la famille est un pilier de ta vie.
LION	Vénus en Lion est possessive, fidèle, extrêmement généreuse et donne un amour infini. Elle aime plaire et séduire. Elle domine généralement dans le couple.	Mars en Lion est fort. Il apporte passion, créativité et dynamisme. Le côté leader et dominant est rehaussé. La libido est très présente, et les désirs sont puissants. On apprécie les personnes charismatiques.	**Loyale, sincère et généreuse,** tu es parfois surprotectrice et possessive avec ton entourage. Tu apprécies les personnes qui ont bon goût. Tu as un grand cœur.
VIERGE	Vénus en Vierge est pragmatique, concrète, dévouée et responsable. Elle a un grand besoin de stabilité et de confiance. Elle peut se montrer pudique sur ses sentiments.	Mars en Vierge est perfectionniste et maniaque. Il laisse souvent ses émotions et ses désirs de côté, notamment quand l'anxiété prend le dessus. On apprécie les personnes élégantes et intelligentes.	**Pudique et rapidement stressée,** tu donnes l'impression aux autres d'être bien organisée, serviable et assez modeste. Tu as besoin de te sentir utile au quotidien.

	Vénus	Mars	Lune
BALANCE	Vénus en Balance est raffinée, douce et gentille. Elle a de l'empathie et énormément d'amour à donner. Elle peut, hélas, être dépendante de ses relations.	Mars en Balance représente l'indécision par excellence. Les natifs aiment séduire et trouvent toujours de bons compromis car ils recherchent l'harmonie avant tout. Les désirs sont parfois contradictoires.	Tu as de bonnes aptitudes relationnelles. **Tu es conciliante, aimable, polie et agréable à vivre.** Cependant, tu peux te montrer très indécise.
SCORPION	Vénus en Scorpion est magnétique, sensuelle, parfois sombre et ténébreuse. Elle peut être très possessive et s'exprimer brusquement mais elle est également indépendante.	Mars en Scorpion est intense et impulsif. Il est puissant, et sa libido est très présente, à l'image de ce signe sensuel. On fantasme sur les jeux sexuels et les personnes qui ont un charisme ténébreux.	**Tu as le goût du mystère et du secret.** Tu as une imagination débordante et tu es intense au fond de toi. Ton hypersensibilité peut te pousser à avoir des réactions parfois très brutales.
SAGITTAIRE	Vénus en Sagittaire est aventureuse. Elle aime l'amitié et sa grande liberté. Elle a besoin de son espace personnel pour s'épanouir. Elle programme des escapades à deux sur un coup de tête.	Mars en Sagittaire est dynamique et effervescent. Il s'exprime de manière spontanée et optimiste. Il peut également se montrer très impatient et sans tact. Il est friand d'aventures et a besoin de sensualité dans son quotidien.	**Tu fais preuve d'enthousiasme et d'entrain.** Tu es ouverte aux autres et toujours prête à rencontrer de nouvelles personnes. Tu as besoin d'action et de changements au quotidien.

	Vénus	Mars	Lune
CAPRICORNE	Vénus en Capricorne est sérieuse, impliquée, exigeante mais très dévouée. Elle fait preuve de beaucoup de maturité et de responsabilité. Elle rassure sa moitié.	Mars en Capricorne est signe de persévérance. Il impose naturellement sa fiabilité et son charisme. Il est attiré par les personnes qui ont le sens de l'ambition et de la réussite.	**Tu aimes la tranquillité et l'isolement.** Tu es prudente, méfiante et réservée. Tes réactions émotionnelles sont souvent très contenues et difficiles à comprendre.
VERSEAU	Vénus en Verseau est originale, frivole, très ouverte d'esprit et s'épanouit dans les relations anticonformistes. Elle ne supporte pas de se sentir enfermée dans une relation.	Mars en Verseau est un créatif, un avant-gardiste. Mais il est également très imprévisible et parfois difficile à suivre. C'est un anticonformiste par excellence qui exige sa totale liberté et qui aime innover dans l'intimité.	**Sociable et originale,** tu attires les autres par ton authenticité. Tu supportes mal les contraintes qui te sont imposées. En réalité, tu es très sensible.
POISSONS	Vénus en Poissons est rêveuse, passionnée, prête à se sacrifier pour l'autre. C'est une grande romantique, mais elle est aussi très lunatique. Elle apporte romance et réconfort à l'autre.	Mars en Poissons est sensible, doux et réceptif. Il réfléchit avec son cœur et il n'apprécie guère la confrontation directe. Il peut être assez passif, il faut éveiller sa flamme.	Avec une sensibilité à fleur de peau, ton émotivité te rend souvent impressionnable dans certains domaines. **Tu dois apprendre à te servir de ton intuition à bon escient.**

CONFESSIONS ENTRE **ÉTOILES**

KELLY Poissons ascendant Vierge, crewing officer et thérapeute reiki : « L'astrologie m'a permis de mettre le doigt sur des blessures émotionnelles liées à mon enfance, notamment celle avec mon père. Avant ma première consultation astrale, je ne comprenais pas pourquoi j'étais attirée par des hommes qui ressemblaient étroitement à la figure paternelle que j'avais connue. Je choisissais toujours des hommes nés sous des signes d'air (Balance, Gémeaux, etc.), très sociables et enjoués, mais qui ne me donnaient pas l'impression d'être en sécurité en couple, ni de construire une stabilité à deux. Ils avaient juste le don de me faire me sentir désirée et regardée… En tant que petite Poissons, avec ma Lune en Balance, les mots doux ont le don de me faire craquer. J'ai pris conscience que j'idéalisais trop souvent les hommes que je fréquentais pour essayer de rattraper et d'apaiser les conflits que je connaissais avec mon père.

Depuis la lecture de ma carte du ciel et grâce au coaching qui s'en est suivi et à mon travail personnel au quotidien, je suis bien plus heureuse dans mes relations avec les autres (et avec moi-même) car j'ai appris à travailler cette dépendance affective. »

★ ★ ★

EMMA Vierge ascendant Balance, thérapeute holistique et spécialiste en TCA : « Ma maman étant Vierge également, j'ai toujours été très attachée à notre signe solaire. Il y a un lien magique entre nous, qui explique à sa façon notre complicité, notre complémentarité, en dépit de nos différences flagrantes ! L'astrologie est pour moi un véritable outil de connaissance de soi, qui m'a aussi aidée à mieux me comprendre et m'accepter avec mes petites particularités. Côté cœur, j'ai vécu deux très belles et longues histoires avec un monsieur Taureau et un monsieur Vierge. L'univers vient de m'offrir un beau Capricorne qui fait déjà mon bonheur. Les signes de terre sont manifestement faits pour s'entendre ! »

★ ★ ★

SARAH Double Scorpion, coach en self-love en devenir : « Dans toutes les relations que j'ai entreprises avec mes divers partenaires de vie, j'ai toujours eu un penchant pour les Lion et les Bélier (tiens, tiens, mon signe lunaire… comme c'est étonnant !). Ces relations m'ont énormément nourrie et m'ont fait grandir, surtout par la suite, quand je les ai analysées à travers l'astrologie et que j'ai alors identifié différents comportements qui étaient jusqu'alors inconscients. L'astrologie m'a permis de mettre en lumière ce que je ressens profondément et m'a ouvert les yeux sur la belle Scorpion que je suis. Elle me guide au quotidien et m'éclaire quand il y a des événements dans ma vie. Et je lui en suis reconnaissante. »

PAULINE Sagittaire ascendant Capricorne, journaliste free-lance et chargée de communication : « J'ai toujours été très fière de mon signe astro, le Sagittaire, avant même que je comprenne exactement à quel point il me définissait bien. Par contre, je ne connaissais pas mon signe lunaire, le Poissons, qui crée une belle tension dans ma personnalité, surtout par rapport à mes réactions émotionnelles (très) impulsives. L'astrologie m'a aidée à comprendre cette facette de ma personnalité et à faire briller l'optimisme de mon signe solaire, l'ambition de mon ascendant, mais aussi l'originalité et l'intuition de mon signe lunaire. Forcément, mon émotivité a beaucoup joué dans mes relations amoureuses. Mon premier love était Cancer, et on a eu du mal à s'oublier, mon pire crush était Sagittaire, torturé et infidèle – *never again*. J'ai toujours gravité autour des Verseau, avant de m'engager avec un Balance… J'ai appris récemment qu'il avait Vénus en Sagittaire : ce n'est donc pas un hasard s'il a été le premier et le seul à comprendre mon besoin d'indépendance. Astrolya m'a appris qu'un Sagittaire a du mal à ouvrir son cœur, mais qu'une fois que c'est fait c'est pour longtemps. Et je ne pourrais pas être plus d'accord qu'aujourd'hui, après 6 années magiques de relation. »

* * *

SHANA Double Scorpion, autrice, astrologue et créatrice d'Astrolya : « J'avais toujours la désagréable habitude de m'amouracher de garçons nés sous le signe du Gémeaux ou du Sagittaire car ils avaient le don de faire chavirer mon cœur avec leurs beaux mots : oui, ce sont des beaux parleurs, très charmants et très sociables. L'un est un brin artiste et l'autre plutôt philosophe. Mais ils ont également l'art de faire ressortir le pire côté de ma personnalité : possessivité, jalousie et impulsivité à gogo. Leur instabilité émotionnelle et leur côté je-m'en-foutiste rendaient dingue la Scorpion que je suis ! Heureusement que j'ai fini par rencontrer mon petit Taureau. »

MES PLANÈTES ET MOI

Maintenant qu'on en sait un peu plus sur ton profil astrologique et amoureux, il est temps de prendre du recul et de questionner tout ce que tu viens de découvrir. Je t'invite à reprendre les caractéristiques de ton signe solaire, ton signe ascendant, ton signe lunaire et ton placement de Vénus, et à inscrire ci-dessous les caractéristiques dans lesquelles tu te retrouves le plus.

Les pierres de l'amour

Peine de cœur, amour de soi, blessures émotionnelles, sexualité... Pour chaque problème, il existe une ou plusieurs pierres pour apaiser ou booster ton chakra du cœur et favoriser l'amour autour de toi. Il te suffit simplement de reconnaître celle(s) qui te correspond(ent) selon ta situation actuelle.

LE QUARTZ ROSE

C'est la pierre de l'amour par excellence ; sa couleur rose rappelle la douceur et l'enfance. Elle apporte l'amour de soi, la confiance, et elle apaise les peines de cœur. Elle est également réputée pour apporter un sentiment de bienveillance, d'écoute, et favoriser l'harmonie dans le foyer ainsi qu'une communication sans conflit. Elle permet de porter un regard moins critique sur le monde et sur soi.

- **COMMENT LA PORTER ?** En bracelet, en collier, ou glisser la pierre dans un sac ou la poche d'un de ses vêtements.
- **OÙ LA METTRE À LA MAISON ?** Dans la pièce de vie, le hall d'entrée ou une chambre.
- **COMMENT LA PURIFIER ?** Avec de l'eau salée ou de la sauge.
- **COMMENT LA RECHARGER ?** À la lumière de la pleine Lune ou avec une fleur de vie.
- **POUR QUELS SIGNES ASTRO ?** Tous. Elle est surtout conseillée pour les signes de la Balance et du Taureau.

LA RHODONITE

Cette pierre soulage les âmes qui ont des craintes excessives en amour et sur le plan affectif. Elle calme les angoisses et permet d'affronter les changements brutaux du quotidien avec plus de sérénité (disputes avec des proches, peines de cœur…). Liée à l'énergie du cœur, elle tempère la jalousie, renforce les liens avec les âmes sœurs, et elle aide à se libérer d'anciennes blessures, des rancunes et des colères. Elle agit également sur les blessures émotionnelles et les blocages.

- **COMMENT LA PORTER ?** En bracelet, en bague, ou glisser la pierre dans un sac ou la poche d'un de ses vêtements.
- **OÙ LA METTRE À LA MAISON ?** Dans la pièce de vie ou une chambre.
- **COMMENT LA PURIFIER ?** Avec de l'eau salée ou une géode d'améthyste.
- **COMMENT LA RECHARGER ?** À la lumière de la pleine Lune ou du Soleil ou sur un amas de quartz.
- **POUR QUELS SIGNES ASTRO ?** Le Bélier, le Taureau, le Cancer et le Capricorne.

L'ÉMERAUDE

Également liée au chakra du cœur, cette pierre précieuse se trouve aussi sous forme opaque, ce qui la rend moins onéreuse. Elle accentue la bienveillance et la compassion et favorise donc l'harmonie et la paix intérieure. Elle permet d'entretenir ses relations et de mieux comprendre ceux qui nous entourent.

- **COMMENT LA PORTER ?** En bracelet, en bague, en collier, ou glisser la pierre dans un sac ou la poche d'un de ses vêtements.

- **OÙ LA METTRE À LA MAISON ?** Dans la pièce de vie ou dans un bureau (surtout pour ceux/celles qui exercent un métier thérapeutique).
- **COMMENT LA PURIFIER ?** Avec de l'eau déminéralisée ou salée.
- **COMMENT LA RECHARGER ?** À la lumière du Soleil ou sur un amas de cristal de roche.
- **POUR QUELS SIGNES ASTRO ?** Le Taureau, le Cancer et le Capricorne.

LE LÉPIDOLITE

Pierre de la chance, elle est liée au chakra de la gorge, du cœur et du plexus solaire. On la trouve sous des couleurs qui varient du rose au mauve. Connue pour dissiper les pensées négatives et éliminer toute forme d'émotions néfastes, elle stabilise l'humeur et permet d'apaiser les grandes inquiétudes.

- **COMMENT LA PORTER ?** En bracelet, ou glisser la pierre dans un sac ou la poche d'un de ses vêtements.
- **OÙ LA METTRE À LA MAISON ?** Dans la pièce de vie ou dans un bureau (surtout pour ceux/celles qui exercent un métier thérapeutique).
- **COMMENT LA PURIFIER ?** Avec de l'eau déminéralisée ou salée.
- **COMMENT LA RECHARGER ?** À la lumière du Soleil ou de la pleine Lune ou sur un amas d'améthyste.
- **POUR QUELS SIGNES ASTRO ?** La Balance, la Vierge, le Scorpion.

LA TOURMALINE ROSE OU RUBELLITE

Cette jolie pierre rose apporte un grand soutien aux âmes en voie de guérison émotionnelle. Elle aide à panser les anciennes blessures, même celles de l'enfance. Elle favorise la destruction et la transformation des vieux schémas, permet de dissiper la douleur et stimule la compassion et la tolérance, envers soi-même et envers les autres. Enfin, elle permet aussi d'apaiser les relations avec la mère et la lignée maternelle.

- **COMMENT LA PORTER ?** En bracelet, en pendentif, ou glisser la pierre dans un sac ou la poche d'un de ses vêtements.
- **OÙ LA METTRE À LA MAISON ?** Dans la pièce de vie, dans la salle à manger, dans la salle de bains ou dans une chambre.
- **COMMENT LA PURIFIER ?** Avec de l'eau minéralisée ou salée ou en la déposant sur un lit de gros sel.
- **COMMENT LA RECHARGER ?** À la lumière de la pleine Lune ou sur un amas de quartz.
- **POUR QUELS SIGNES ASTRO ?** Tous les signes.

LE GRENAT

Pierre liée au chakra racine et à la sexualité, le grenat est d'une couleur rouge qui rappelle à juste titre la passion et la sensualité. Elle favorise la vitalité et l'énergie et développe l'instinct de survie. Elle permet d'entreprendre des projets en laissant certaines de nos peurs derrière nous. Enfin, elle est réputée pour booster la libido et nous libérer de nos tabous.

- **COMMENT LA PORTER ?** En bracelet, en bague, ou glisser la pierre dans un sac ou la poche d'un de ses vêtements.
- **OÙ LA METTRE À LA MAISON ?** Dans la salle de bains, éviter de la mettre dans la chambre car elle peut causer des insomnies.
- **COMMENT LA PURIFIER ?** Avec de l'eau salée ou en la déposant sur un lit de gros sel.
- **COMMENT LA RECHARGER ?** À la lumière du Soleil ou à la lumière naturelle.
- **POUR QUELS SIGNES ASTRO ?** Tous. Mais particulièrement le Bélier, le Scorpion, le Lion et le Capricorne.

Trouver l'amour sous les astres

Chère étoile, maintenant que nous avons analysé ton profil amoureux dans les grandes lignes à travers ton thème natal, il est temps de nous pencher sur ce que tu attends de ta prochaine relation. Mais, avant de nous lancer dans l'exploration de tes besoins et du profil de ton·ta partenaire idéal·e, commençons par nous intéresser à tes relations passées : elles sont riches en enseignements !

RÉTROGRADATION AMOUREUSE : DU CÔTÉ DES EX

Ah, les ex… Toute une histoire !

Peut-être fais-tu partie des personnes qui ne peuvent s'empêcher de demander le signe de l'autre au bout de trois phrases échangées ou bien, au contraire, de celles qui ne connaissent même pas le signe de leur partenaire, dans tous les cas, un petit tour du côté des histoires passées sera très utile pour prendre un peu de recul.

Au-delà de la dimension astrologique, je t'invite à réfléchir à ce qui fonctionnait bien dans tes relations, ce qui a posé problème et pourquoi. Car, souvent, sans même s'en rendre compte, on a tendance à retourner vers le même genre de personnes. C'est parfois une bonne chose car on se rapproche de plus en plus de ce qu'il nous faut, mais ça peut également être tout le contraire : on choisit systématiquement des individus qui ne nous correspondent pas. Comment expliquer qu'on répète un schéma pourtant mauvais pour nous ? Cela peut être lié à une vision biaisée de soi-même et de la personne avec qui on est en couple, mais aussi à une vision idéalisée du genre d'hommes ou de femmes qui nous correspondraient le mieux. Concrètement, cela peut se manifester au début par le fait de ne pas prendre le temps de vraiment apprendre à connaître et comprendre l'autre, de construire des projets communs, sous prétexte que « c'est pas grave si on voit les choses différemment, on s'aime, et je sens les papillons dans mon ventre ». WARNING ! Dans toute relation, il faut bel et bien faire des compromis car personne n'est parfait, pour autant, il ne faut jamais se forcer à sacrifier des objectifs personnels pour l'autre ou décider de renoncer à telle ou telle valeur personnelle pour « plaire » ou « satisfaire » ton/ta partenaire. Oui, cela semble évident. En pratique, c'est plus facile à dire qu'à faire… Mais c'est pour cela que tu tiens ce livre entre tes mains : apprendre à te connaître, devenir l'actrice consciente de ta vie sentimentale et… ne pas retourner vers tes vieux démons !

ANALYSE DE MES EX, D'UN POINT DE VUE ASTROLOGIQUE, MAIS PAS QUE…

QUEL(S) ÉTAI(EN)T LE(S) SIGNE(S) ASTROLOGIQUE(S) DE MON (/MES) EX ?

Prénom	Signe astrologique
....	....
....	....
....	....
....	....

QU'APPRÉCIAIS-JE CHEZ LUI·ELLE/EUX·ELLES LORSQUE JE L'AI (LES AI) RENCONTRÉ·E(S) ?

....

....

....

QU'EST-CE QUE JE NE SUPPORTAIS PAS CHEZ LUI·ELLE/EUX·ELLES ?

Y A-T-IL DES SIMILITUDES ENTRE MES DIFFÉRENTES RELATIONS ? SI OUI, LESQUELLES ?

POUR QUELLE(S) RAISON(S) AVONS-NOUS ROMPU ?

AI-JE TOURNÉ LA PAGE DE CETTE/CES RELATION(S) ?

SI OUI, QU'EST-CE QUI M'A AIDÉE SUR CE CHEMIN ?

SI NON, J'ESSAYE D'IDENTIFIER LES CHOSES QUI ME FERAIENT LE PLUS DE BIEN ACTUELLEMENT. JE LES ENTOURE.

- L'entourage et le soutien de mes âmes sœurs
- Faire de nouvelles expériences et découvrir d'autres parts de moi-même, sans l'autre
- Écrire et déposer tout ce que j'avais sur le cœur
- Garder contact avec cette personne jusqu'à réussir à devenir son amie
- Couper tout contact et rencontrer de nouvelles personnes
- Apprendre à relativiser par rapport à cette histoire

SI JE DEVAIS GARDER UN SEUL ÉLÉMENT POSITIF DE CETTE (/CES) RELATION(S), UNE LEÇON DE VIE, LEQUEL SERAIT-CE ?

QUELLES SONT LES ERREURS QUE JE NE SOUHAITE PAS RÉPÉTER À L'AVENIR DANS UNE RELATION ?

COMMENT EST TON EX SELON SON SIGNE ASTRO ?

BÉLIER L'ex qui t'insulte, puis qui te demande comment tu vas

TAUREAU L'ex qui avait des parents riches et une piscine

GÉMEAUX L'ex qui continue de liker tes photos sur Instagram

CANCER L'ex nostalgique qui te dit que tu lui manques

LION L'ex qui organise une soirée chez lui·elle sans t'inviter

VIERGE L'ex qui lave et repasse les fringues que tu as oubliées chez lui·elle avant de te les rendre

BALANCE L'ex qui a déjà un nouveau plan/*crush*

SCORPION L'ex qu'il ne vaut mieux pas que tu croises

SAGITTAIRE L'ex qui a rompu en t'envoyant une citation vue sur Facebook

CAPRICORNE L'ex que tu ne croiseras plus jamais

VERSEAU L'ex qui te demande si vous pouvez rester ami·e·s

POISSONS L'ex qui t'a envoyé une lettre de rupture

LE BONHEUR EST AU SOMMET DE LA PYRAMIDE

Pour que tu t'épanouisses dans une relation amoureuse, il faut que celle-ci réponde à tes besoins affectifs. Ces derniers sont très personnels et diffèrent selon chaque personne ; je te propose donc de réfléchir aux tiens. Pour cela, utilisons le principe de la pyramide des besoins : il s'agit de représenter de façon graphique et hiérarchisée ce qui nous est nécessaire, d'après la théorie élaborée par le psychologue Abraham Maslow dans les années 1940. Selon Maslow, le socle de la pyramide correspond aux besoins premiers et physiologiques (respiration, nourriture, boisson, sexualité, sommeil), l'étage suivant est dédié au besoin de sécurité (stabilité, absence d'angoisse et de situation de danger), le suivant, aux besoins d'appartenance et d'affection (amour des autres), l'avant-dernier, au besoin de reconnaissance (estime de soi, appréciation et considération de la part des autres), et le dernier – qui représente la pointe de la pyramide –, aux besoins d'épanouissement et d'accomplissement personnel. La base de la pyramide est donc consacrée aux besoins vitaux indispensables tandis que la pointe représente un besoin non vital… mais nécessaire !

Pour t'aider à y voir plus clair, voici les pyramides des besoins de chaque signe astrologique : elles sont à prendre au second degré (comme on l'a vu, on ne ressemble jamais à 100 % à son signe) et comme source d'inspiration et de réflexion pour te permettre d'identifier ce qui est vraiment utile et important pour toi dans ton quotidien.

Je te laisse regarder les pyramides de ton signe solaire, de ton ascendant et de ton signe lunaire. Ensuite, à toi de dresser ta propre pyramide : de bas (ce dont tu as besoin chaque jour) en haut (la cerise sur le gâteau).

J'AI BESOIN DE ...

Bélier

Passion

Endorphines, sexe

Adrénaline, leadership, action

Franchise, liberté, courage, détermination, impulsivité, blagues

Taureau

Sieste

Sensualité, amour

Travail, luxe, restau

Wi-fi, Netflix, humour, entêtement, gourmandise

Gémeaux

Amitié

Musique, flirts

Conversations, soirées, fun

Curiosité, anecdotes, rumeurs, Internet, filtres Instagram

Cancer

Bisous

Imprévisibilité, tendresse

Compliments, gourmandises, nostalgie

Indépendance, intuition, impatience, câlins, réflexions

Lion

Compliments

Débat, confiance en soi

Télé-réalité, jalousie, prestige

Générosité, loyauté, amour, dramas, paresse

Vierge

To-do list

Conseils, organisation

Bon sens, discipline, classe

Self-control, dévouement, travail, ronchonner, critiques

Balance

Argent

Smartphone, beauté

Amitié, amour, tendances, sociabilité

Justice, harmonie, équilibre, relations, hésitations

Scorpion

Pouvoir

Espace personnel

Spiritualité, lectures, bon sexe, astrologie

Connexion émotionnelle, intensité, passion, possessivité, impulsivité

Sagittaire

Liberté

Philosophie, ouverture d'esprit

Drague, fun, projets personnels

Stimulation intellectuelle, sorties, humour, potins

Capricorne

Succès

Câlins, whisky, sommeil

Objectifs, ambition, argent

Silence, persévérance, douceur, sécurité, sarcasme

Verseau

Intimité

Créativité, discours et débats

Théories du complot, intelligence, liberté

Philosophie, voyages, indépendance, changements d'humeur

Poissons

Rêves

Romance, émotivité

Promenades, thé, méditation

Art, musique, spiritualité, montagnes russes émotionnelles

TA PYRAMIDE PERSONNALISÉE

> J'ai besoin de...

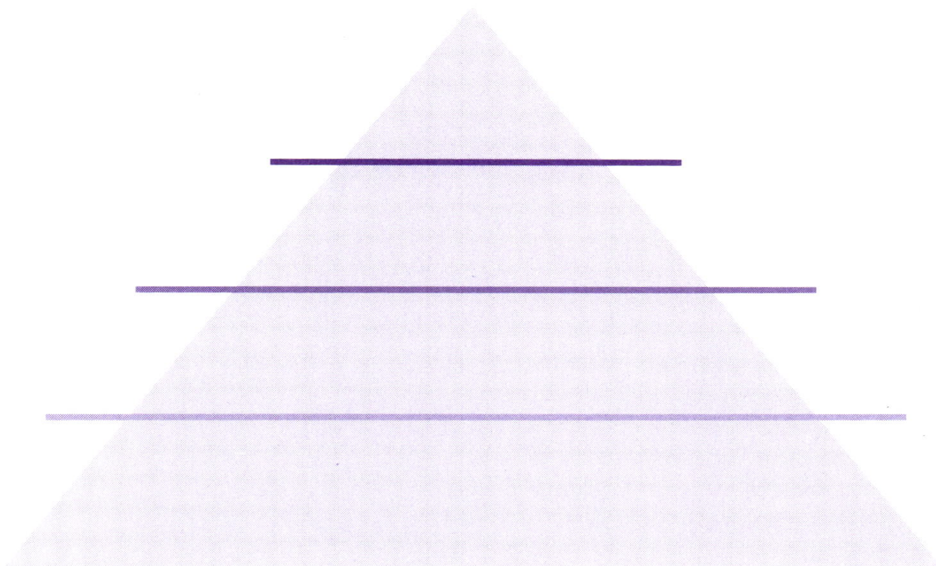

JE POSE MES INTENTIONS AMOUREUSES

Ton quotidien, tes émotions et ta perception des événements sont en grande partie guidés par tes pensées. La preuve en est que, lorsqu'on se lève du mauvais pied en étant persuadé de passer une mauvaise journée, dans 99,9 % des cas, il n'arrivera effectivement que des problèmes. En choisissant de poser consciemment des intentions concrètes, tu contribues à reprogrammer ton système de pensée, de manière plus positive et à ouvrir ton champ de vision pour mieux visualiser les objectifs que tu veux atteindre.

C'est un bon exercice à réaliser durant la nouvelle Lune ou lors de la pleine Lune. Le but est de transformer tes craintes et tes a priori en éléments positifs et d'arriver à cerner quelles sont tes réelles envies et tes besoins, au fond de toi. Cela te permet de t'ancrer dans l'instant présent, de prendre conscience de ce que tu as déjà vécu, de ce que tu vis actuellement et de ce que tu aimerais vivre prochainement.

N.B. : Je te recommande de formuler tes intentions de manière positive et à la forme affirmative. En effet, l'inconscient a tendance à ne pas traiter la négation, il retient donc uniquement la partie qui suit la négation (celle qu'on veut justement éviter !), alors que la forme affirmative permet de visualiser clairement le résultat et d'inciter ton esprit à le concrétiser ; plus tes intentions seront précises et détaillées, plus elles paraîtront réelles et plus ton inconscient t'aidera à les réaliser.

Exemple : « Je souhaite ne plus être en conflit dans ma relation de couple… » (forme négative : l'inconscient se focalise sur « conflit dans ma relation de couple ») vs « Je m'épanouis dans une relation complice et pleine de compréhension mutuelle… » (forme affirmative : l'inconscient se focalise sur la complicité et la compréhension).

1. MES BESOINS ET MES ENVIES EN AMOUR

Je t'invite à les rédiger comme une liste de souhaits ou de gratitudes. Indique clairement ce que tu ne veux plus connaître en amour dans la colonne de gauche et ce que tu souhaites dans celle de droite.

Mes anciennes intentions amoureuses

(Ce que je ne désire plus)

> *Une relation passionnée, ultra-intense mais parfois douloureuse (les montagnes russes)*
> *Une histoire d'amour qui modifie mes objectifs de vie*
> ....
....
> ....
....
> ....
....
> ....
....

Mes nouvelles intentions amoureuses

(Ce que je désire aujourd'hui)

> *Une relation douce, équilibrée et qui booste ma confiance en moi*
> *Une histoire d'amour qui se vit comme la cerise sur le gâteau, mais qui ne bouleverse pas mes priorités*
> ....
....
> ....
....
> ....
....
> ....
....
> ....
....

2. COMMENT EST-CE QUE J'AGIS EN RELATION DE COUPLE ?

> *Je suis assez possessive/Je suis très distante et indépendante/...*
> ....
> ....
> ....
> ....
> ....

3. POURQUOI ?

> *J'ai peur d'être abandonnée/J'ai peur de me livrer puis d'être blessée/...*

> ....

> ....

> ....

> ....

> ....

4. QU'AIMERAIS-JE AMÉLIORER ?

> *Ma jalousie en couple/Ma difficulté à m'engager/...*

> ....

> ....

> ....

> ....

> ....

5. QUELS SONT MES OBJECTIFS À RÉALISER EN TANT QUE FEMME, DE MANIÈRE INDIVIDUELLE ?

> *Être manager ou cheffe d'entreprise/Réussir à équilibrer* ma *vie professionnelle et ma vie affective/...*

> ....

> ....

> ....

> ....

> ....

6. QUELS SONT LES PROJETS QUE J'AIMERAIS RÉALISER À DEUX, EN TANT QUE COUPLE ?

> *Voyager partout en Europe/Acheter une maison/...*

> ....
> ....
> ....
> ....
> ....

7. QUELLE EST LA PROCHAINE ÉTAPE QUE J'AIMERAIS FRANCHIR EN PRIORITÉ, DANS MON QUOTIDIEN (EN SOLO OU EN DUO) ?

> *Obtenir une promotion au travail/Me fiancer prochainement/...*
> ....
> ....
> ....
> ....
> ....

8. QUELLE PLACE JE SOUHAITE ACCORDER À MA RELATION AMOUREUSE ?

> *La place n° 1 : ce sera ma priorité/Après mon travail et mes amis/...*
> ....
> ....
> ....
> ....
> ....

LE SAVAIS-TU ?

Lorsque la Lune croît, c'est le moment parfait pour poser des intentions positives et démarrer de nouveaux projets. Ainsi, la phase croissante de la Lune est idéale pour entamer une nouvelle relation et se lier avec quelqu'un. Au contraire, lorsqu'elle décroît, c'est le moment parfait pour briser un lien, défaire quelque chose qui ne nous correspond plus et aller de l'avant jusqu'à la prochaine nouvelle Lune.

Vénus rétrograde affecte quant à elle les comportements amoureux. Lors de ces périodes, on peut ressentir des vagues de nostalgie, vouloir retourner auprès d'un.e ex ou d'une personne qui n'est pas forcément bonne pour soi. C'est aussi souvent l'annonce d'une période assez houleuse lorsqu'on est en couple : on a l'impression de ne pas réussir à montrer ses sentiments comme il se doit et que l'autre ne nous comprend pas. Pour contrecarrer cette influence, on peut creuser le sujet des différents langages de l'amour, pour mieux communiquer sur nos sentiments.
=> Selon Gary Chapman, auteur de l'ouvrage *Les Cinq Langages de l'amour*, chacun.e d'entre nous développe davantage un langage de prédilection au cours de sa vie pour exprimer son amour : le premier langage est le contact physique, le deuxième les mots réconfortants, le troisième est le fait de passer du temps de qualité avec son.sa partenaire, le quatrième est symbolisé par les cadeaux, et le dernier langage de l'amour s'exprime via les services rendus à son élu.e.
En bref, Vénus rétrograde est une bonne occasion de bosser ces différents langages de l'amour qui permettent de se focaliser sur tes besoins et ceux de ton.ta partenaire !

Mercure rétrograde altère grandement la réflexion de chacun.e d'entre nous ainsi que nos capacités à communiquer et à prendre des décisions. Il est toujours déconseillé d'entamer une nouvelle relation ou de se marier durant une période de Mercure rétrograde. Rien à voir avec une question de malédiction ou de mauvais sort : cela annonce plutôt des problèmes de compréhension et de communication au sein du couple.

N.B. : Mercure rétrograde a généralement lieu trois fois par an.

QUEL ÉLÉMENT POUR MON·MA PARTENAIRE ?

Sur les plans émotionnel, physique, spirituel, sensuel… quel genre de partenaires te conviendraient le mieux ? Pour le savoir, entoure les propositions qui te parlent le plus.

- Tu es attirée par des personnes au fort caractère, entreprenantes et spontanées
- Tu es attirée par des personnes réservées, tempérées, calmes et fiables
- Tu es attirée par des personnes lunaires, connectées à leurs émotions et sensibles
- Tu es attirée par des personnes sociables, indépendantes, ouvertes d'esprit et libres

- Active, dynamique, vive d'esprit, tu as besoin d'une personne qui suive ton délire et parte à l'aventure avec toi sur un coup de tête
- Tu es rationnelle, pragmatique et dévouée, et ce qui compte le plus pour toi est la stabilité, la sécurité et le confort
- Sensible, intuitive et passionnée, tu as besoin d'un être qui te comprenne sans que tu lui parles et qui soit capable d'être compatissant
- Enthousiaste, optimiste et souriante, tu as besoin d'être avec quelqu'un qui te fasse rire, qui comprenne que tu ne lui appartiens pas et qui te laisse ton espace

Tu as tendance à être attirée par des personnes qui « dominent » dans le couple

Tu apprécies grandement les personnes persévérantes qui ont l'esprit de famille

Tu es souvent attirée par des personnes que tu souhaites aider plus que tout

Tu ne supportes pas la sensation d'être emprisonnée dans une relation

Tu es capable de faire de grandes déclarations d'amour pour impressionner l'autre

Tu rêves d'un beau mariage et de fonder une famille heureuse

Tu attends qu'on te couvre d'attentions et tu désires un amour passionné

Tu te fiches des formalités et du statut de la relation : pour toi, ce qui prime, c'est la complicité

La passion sous la couette, tu en raffoles ! Pour toi, la sexualité en couple tient une aussi grande place que la bonne entente spirituelle

Le sexe est un art qui se savoure et qui se respecte, mais tu es capable de tempérer ta libido lorsqu'il le faut car, pour toi, ce n'est pas ce qui prime dans le couple

La sexualité se vit de manière intime, dans une bulle d'émotions et de sensualité : tu as besoin d'être en confiance avant de te livrer

En matière de sexe, tu es toujours partante pour tester de nouvelles choses, même inhabituelles

Tu as souvent des coups de cœur, grande passionnée que tu es

Tu prends beaucoup de temps avant d'accorder ta confiance

Tu aimes rêver de la romance parfaite, même si tu sais qu'elle n'existe pas

Tu adores avoir de grandes conversations jusqu'au petit matin

Tu as envie que l'autre soit comme une dose d'inspiration au quotidien

Tu es exigeante avec ton·ta partenaire, mais encore plus avec toi-même

Tu es clairvoyante et tu sais anticiper ce dont l'autre a besoin

Tu aimes la surprise et les imprévus : c'est ce qui fait, selon toi, les meilleurs souvenirs

Tu désires être le pilier de ton cercle familial et amical, la personne sur qui l'on peut compter dans toute situation

Tu t'imagines vieillir aux côtés de ton autre et raconter des histoires à tes petits-enfants

Tu souhaites inconsciemment être la confidente de tout le monde, celle qui apporte le soutien émotionnel et les bons conseils

Tu aimerais être la super tata qui a voyagé autour du monde et qui anime les soirées en famille

TU AS RÉCOLTÉ UNE MAJORITÉ DE

Ton·ta partenaire idéal·e devrait être né·e sous un signe de feu (Bélier, Lion, Sagittaire) ou avoir une dominante en élément du feu. Tu recherches la passion avec un grand P ! Tu as besoin d'être avec une personne dont le caractère bien trempé pourra rivaliser avec le tien et te poser des limites quand il le faut. Tu vois ton autre comme une personne qui t'inspire et qui te donne envie de te surpasser au quotidien pour fonder une vie de rêve à deux. Attention, à force de jouer avec le feu, tu risques de te brûler ! Apprends donc à lâcher du lest, à ralentir un peu : tout le monde ne peut pas toujours te suivre… à part ton binôme. Vous seriez capables, à deux, de partir à l'autre bout du monde sur un coup de tête ou de lancer votre entreprise du jour au lendemain.

TU AS RÉCOLTÉ UNE MAJORITÉ DE

Ton·ta partenaire idéal·e devrait être né·e sous un signe de terre (Taureau, Vierge, Capricorne) ou avoir une dominante en élément de la terre. Tu recherches la stabilité, la rigueur et la persévérance chez ton partenaire. Tu as besoin d'être avec une personne qui te donne un grand sentiment de sécurité et qui prendra le temps de fonder, avec toi, le foyer dont tu rêves. Au-delà de l'aspect sensuel, c'est de la tendresse et une réelle bonne entente que tu recherches chez ton.ta partenaire. La personne qu'il te faut est celle sur qui tu pourras te reposer les yeux fermés. Veille simplement à ne pas te montrer trop exigeante, aucun couple n'est parfait !

TU AS RÉCOLTÉ UNE MAJORITÉ DE

Ton·ta partenaire idéal·e devrait être né·e sous un signe d'eau (Cancer, Scorpion, Poissons) ou avoir une dominante en élément de l'eau. Tu es une femme très sensible, qui ressent beaucoup de choses, mais qui a parfois du mal à les exprimer. Tu recherches une personne intuitive, connectée à ses émotions et compréhensive, qui saura te mettre en confiance tout en devinant ton état d'esprit. Tu as besoin d'énormément d'attention et d'amour. L'amour fusionnel est ce qui te fait vibrer, et tu souhaites connaître un amour inconditionnel et infini. Cependant, n'idéalise pas trop ton autre et apprends à reconnaître ses défauts autant que ses qualités.

TU AS RÉCOLTÉ UNE MAJORITÉ DE

Ton·ta partenaire idéal·e devrait être né·e sous un signe d'air (Gémeaux, Balance, Verseau) ou avoir une dominante en élément de l'air. Tu es une âme libre, aérienne et optimiste qui est en quête d'aventures et de sensations fortes. Pour toi, l'amour est le reflet d'une expérience vibrante. Comme tu es très ouverte et vive d'esprit, la personne qui chamboulera ta tête et ton cœur sera celle qui fera preuve d'intelligence et qui prendra la peine de te séduire par ses mots. Tu as besoin d'être avec quelqu'un qui a une vision aussi neuve et moderne que toi du couple et qui te surprendra jour après jour. Pour autant, ne te laisse pas trop embobiner par de jolies phrases et accepte de faire le premier pas de temps à autre.

LES DIFFÉRENCES ENTRE ÉNERGIES FÉMININE ET MASCULINE SELON LES SIGNES ASTROLOGIQUES

Selon que l'énergie féminine ou l'énergie masculine sont plus ou moins présentes chez une personne, certaines caractéristiques de son signe solaire s'exaltent ou s'atténuent. Je te propose de découvrir les principales différences pour chaque signe afin de mieux cerner ton·ta partenaire idéal·e.

L'ASTROLOGIE ET LE GENRE

Comme on l'a vu, l'astrologie est très ancienne, et certains de ses concepts sont clairement datés. Dans sa forme traditionnelle, elle oppose homme et femme, Mars et Vénus, masculin et féminin sans prendre en compte toutes les nuances qui existent entre ces deux catégories. Pour ma part, je préfère considérer que nous avons tou·te·s en nous une énergie féminine et une énergie masculine, dont le ratio diffère pour chacun.e. Ces deux énergies, yin (féminin) et yang (masculin), qui nous constituent contribuent chacun.e à la façon dont nous percevons notre propre identité – et l'autre, qui est notre miroir à bien des égards.

Bélier

Dans son énergie masculine, le Bélier est très combatif ; il est de nature conquérante et n'apprécie pas de recevoir des ordres d'autrui. D'ailleurs, il peut parfois se montrer arrogant et très têtu. Quand il apprécie quelqu'un, il essaye à tout prix de protéger cette personne. Il peut se montrer impulsif, mais il possède un grand cœur et est généreux. Il faut apprendre à lui tenir tête et lui rappeler que, non, ce n'est pas aujourd'hui qu'il va conquérir le monde... mais peut-être demain.

Dans son énergie féminine, le Bélier est une personne charmante et sensuelle. Elle brûle d'un feu intérieur qui lui donne la volonté et la détermination pour atteindre ses objectifs. Elle est drôle, passionnée, mais parfois un peu brusque et maladroite : elle peut dire des choses blessantes sans le vouloir. Elle possède un fort caractère ; c'est par exemple la bonne pote qui te met mal à l'aise en parlant (trop) ouvertement de sexe durant un repas.

Taureau

Dans son énergie masculine, le Taureau est un romantique dans l'âme, même s'il n'aime pas se l'avouer. C'est aussi un casanier hors pair, qui aime rester chez lui à jouer aux jeux vidéo ou à mater Netflix. Quand il sort de chez lui, c'est pour aller au restaurant ou au cinéma. Véritable épicurien, il ne rate jamais une occasion de goûter de belles et bonnes choses. Il est extrêmement têtu (le plus têtu du zodiaque) et conservateur. Il a peur de sortir de sa zone de confort.

Dans son énergie féminine, le Taureau est une personne belle car elle prend soin de son apparence : elle aime se mettre en valeur. Elle est terre à terre, calme et douce... mais, quand on la connaît bien, on sait qu'elle cache un côté espiègle. Elle a toujours faim et adore inviter ses proches chez elle. Elle montre rarement ses émotions, pourtant, elle est très chaleureuse et accueillante.

Gémeaux

Dans son énergie masculine, le Gémeaux est un grand séducteur. Il attire souvent l'attention et l'admiration grâce à son éloquence et à ses blagues bien placées. Il peut devenir populaire – être la star de son lycée – s'il le souhaite. Il est très intelligent, un brin philosophe, et il adore flirter : il brise des cœurs sans s'en rendre compte. Il est toujours partant pour faire la fête.

Dans son énergie féminine, le Gémeaux est une personne qui paraît souvent plus jeune que son âge. Elle est curieuse, s'adapte facilement aux gens qu'elle rencontre et elle possède une certaine ambition. Elle met souvent en pratique ses dons de communication – la négociation – pour atteindre ses objectifs. Elle adore raconter des potins. Elle est très lunatique et drôle.

Cancer

Dans son énergie masculine, le Cancer est discret, timide et incollable en jeux de rôle. Il est sensible et rêve souvent de son.sa partenaire idéal.e. Il se surprend parfois à écrire des poèmes ou des fictions. Il connaît les répliques de Marvel par cœur et a versé une larme devant *Le Roi Lion*. Il aime avoir des moments de solitude car il est indépendant de nature. Il peut se montrer très imprévisible, surtout quand on lui fait une remarque qui ne lui plaît pas.

Dans son énergie féminine, le Cancer est une personne naturellement douée avec les enfants. Elle les attire comme des aimants, sans réellement savoir pourquoi, et se fait apprécier d'eux en un rien de temps. D'ailleurs, elle est souvent considérée comme la « maman » de son groupe d'amis. Dotée d'une puissante intuition, elle est aussi très susceptible et possessive envers ses proches. Elle recherche souvent des relations « exclusives », et cela, même en amitié.

Lion

Dans son énergie masculine, le Lion est souvent apprécié de tout le monde. Charismatique, il ne laisse jamais son prochain indifférent. Il adore taquiner ses amis, dont il est souvent le leader. Très fier, il est aussi fort têtu, mais loyal et généreux. Il aime faire la fête et est toujours en quête de nouvelles aventures.

Dans son énergie féminine, le Lion est une personne qui adore être admirée et recevoir des compliments, même si elle reste assez modeste. Elle est solaire et dégage une grande confiance en elle, alors qu'elle souffre en réalité de problèmes d'estime de soi. Elle est drôle, pétillante ; c'est une véritable diva qui ne mâche pas ses mots et n'a pas peur de choquer. Elle est profondément fidèle en amour, mais aussi très jalouse et possessive.

Vierge

Dans son énergie masculine, le signe de la Vierge est compliqué à comprendre. Il aime faire des blagues un peu lourdes et peut être très sympa, mais il aime aussi avoir sa tranquillité et rester à distance des conflits et des discussions un peu vives. Il ne connaît rien à la mode, pourtant, il aime être habillé avec des vêtements de qualité et avoir l'air élégant. Il est dévoué et calme… du moment qu'on ne blesse pas son amour-propre.

Dans son énergie féminine, la Vierge est une personne douce et tendre… mais il faut apprendre à la connaître pour le savoir. Car, à première vue, elle paraît froide et indifférente. Elle est souvent maniaque et à cheval sur l'organisation. Malgré les apparences, c'est une vraie coquine qui, une fois charmée, se donne corps et âme à sa relation.

Balance

Dans son énergie masculine, le signe de la Balance a un visage d'ange : il a l'air très gentil, sociable et souriant. Et il l'est. Mais il a aussi une autre face, beaucoup plus séductrice et qui aime flirter et jouer. Il adore faire des mauvaises blagues et parler des derniers ragots. Il a peur de s'attacher aux autres mais, lorsqu'il se pose dans une relation sérieuse, il donne énormément à son·sa partenaire.

Dans son énergie féminine, la Balance a le souci du détail et de l'esthétisme. Elle est férue de mode et est à l'affût des dernières tendances. Elle fait toujours attention à son apparence. Enthousiaste, souriante, elle est très attachée à ses relations sociales. Enfin, elle a tendance à être dépendante en amour et a besoin d'être souvent rassurée par son·sa partenaire pour être épanouie.

Scorpion

Dans son énergie masculine, le Scorpion est discret et sensuel. Il est ténébreux et il sait comment user de son charme. Il est très intelligent et aime avoir des discussions intéressantes et pleines de sens. Il est curieux de tout, très passionné, mais il peut vite se lasser s'il n'est pas assez stimulé intellectuellement. Il en faut beaucoup pour conquérir son cœur mais, quand il est sous le charme, il donne tout.

Dans son énergie féminine, le Scorpion est une personne extrême : soit elle adore, soit elle déteste, il n'y a jamais d'entre-deux. Elle donne tout ou rien. À cause de cela, elle peut être perçue comme excessive, voire parano, alors qu'elle a simplement un grand cœur et craint d'être blessée. Elle recherche des personnes qui méritent son amour ; d'ailleurs, elle teste régulièrement son entourage en envoyant des piques de temps à autre. Elle est intense et têtue.

Sagittaire

Dans son énergie masculine, le Sagittaire est un véritable cœur d'artichaut. Il n'est pas rare qu'il soit friendzoné car son air jovial et amical trompe sur ses réelles intentions. Il adore voyager, rencontrer de nouvelles personnes, et il redoute la routine du quotidien. Très indépendant, il a besoin de son espace personnel. C'est un ami véritable, souvent le petit comique de service.

Dans son énergie féminine, le Sagittaire est une personne très bavarde, surtout quand elle apprend les dernières *news* de son entourage. De nature enthousiaste, elle est généreuse et optimiste. Cependant, c'est impossible de savoir quand elle va mal car elle déteste faire part de ses états d'âme. Enfin, elle adore flirter, mais elle a du mal à se poser sérieusement.

Capricorne

Dans son énergie masculine, le Capricorne est un éternel insatisfait. Il a une ambition quasi inégalable et construit chaque jour de nouveaux plans pour atteindre ses objectifs. Il prend soin de lui et paraît souvent froid, mais ce n'est qu'une carapace sous laquelle se cache un cœur tendre. « Sarcasme » est son deuxième prénom, et « bon vivant », le troisième.

Dans son énergie féminine, le Capricorne est une personne qui affiche une réelle *bitch face* devant les inconnus et un énorme *smile* face à son entourage. C'est souvent la confidente de son groupe d'amis car elle inspire la confiance et dégage une impression de sagesse. Elle est souvent très belle et attise les jalousies à cause de son apparence de femme parfaite. Elle est capable de rester une semaine enfermée chez elle, puis de sortir H24 la semaine suivante.

Verseau

Dans son énergie masculine, le Verseau est un charmeur. Il aime flirter, avoir de nombreuses relations avant de se poser. Toujours partant pour faire la fête aux quatre coins du globe, c'est le mec cool de la bande, celui qui fait genre « je n'aime pas les prises de tête ». Alors que c'est le premier à sortir mille et un arguments dans une embrouille. Il réfléchit souvent au sens de la vie... après 3 heures du matin.

Dans son énergie féminine, le Verseau est une personne souvent très élégante. Elle est originale, avant-gardiste et a très bon goût en général. Elle est souvent admirée – en secret – et elle paraît insaisissable. Elle aime son indépendance, et c'est la raison pour laquelle elle peut avoir du mal à officialiser une relation amoureuse. Elle est ouverte d'esprit, mais tout de même assez têtue et lunatique. Elle peut se montrer imprévisible.

Poissons

Dans son énergie masculine, le Poissons dégage une aura de sérieux mêlé de mystère. Il est assez timide, pour ne pas dire pudique, et très sensible ; pourtant, il écoute très peu son cœur. Il est attentionné et pardonne facilement, même lorsqu'il est profondément blessé. Il déteste les conflits et cherche l'harmonie dans ses relations. Il chérit les moments de calme, voire de solitude.

Dans son énergie féminine, le Poissons est une personne qui envoûte par son regard ensorceleur. Rêveuse, grande romantique, elle est intuitive et très spirituelle. Elle aime qu'on lui apporte de l'attention H24. Elle est aussi très gourmande et adore tout ce qui touche à la musique et/ou à l'art. Se balader dans la nature et voyager sont ses passions. D'ailleurs, voyager seule ne lui fait pas peur.

OÙ CHERCHER L'AMOUR SELON TON SIGNE ?

« Aujourd'hui, tu trouveras l'amour au coin de ta rue », te promet ton horoscope du jour.

Quelle bêtise ! Comme si l'amour se trouvait en un claquement de doigts... En réalité, l'amour se prépare, s'accueille et s'attire. C'est en cultivant tes ondes positives et l'amour que tu te portes à toi-même que tu as les meilleures chances de l'attirer à toi – comme par magie (ou presque) !

Chaque signe astrologique a des centres d'intérêt qui lui sont propres ; peut-être que ceux de ton signe solaire te correspondront, ou peut-être qu'il faudra regarder du côté de ceux de ton ascendant ou ton lunaire. Dans tous les cas, l'une des meilleures manières d'attirer à toi des personnalités qui te correspondent et d'être dans des conditions favorables pour une rencontre, c'est tout simplement d'aller dans des endroits à ton image, dans lesquels tu te sens bien.

QUELQUES CONSEILS POUR TOUS LES SIGNES

- Ose sortir avec un groupe d'amis différents de temps à autre, tester des nouveaux lieux qui t'intriguent…
- Passe du temps à l'extérieur, dès que tu le peux, ou sur les réseaux sociaux si tu es plutôt casanière
- Mobilise tes proches : fais savoir à tes amis et à ton entourage quel genre de personnes tu recherches. Tu sais ce qu'on dit : « l'ami de mon ami est mon ami »… et plus si affinités !
- Prends ton *self-love* et ton *sex appeal* en main et fais ressortir la séductrice qui sommeille en toi : n'hésite jamais à faire le premier pas quand tu ressens un bon feeling avec quelqu'un.

Et, si tu reçois une réponse négative, ce n'est pas grave : tu auras appris des choses sur toi et sur le type de personnes qui te correspondent – ou pas. À toi de poser tes limites, à toi de les dépasser lorsque tu sens que cela en vaut la peine… Mais sache qu'exprimer ce que tu ressens te fera toujours aller de l'avant et t'évitera bien des regrets.

LES SIGNES ASTROLOGIQUES ET LEURS LIEUX PRÉFÉRÉS

Voici des exemples de lieux où tu peux rencontrer l'amour selon ton signe… Prête à sortir ?

- **BÉLIER** À un événement sportif
- **TAUREAU** À une soirée entre amis
- **GÉMEAUX** En boîte ou lors d'une soirée arrosée
- **CANCER** Au cinéma ou pendant une Comic Con
- **LION** À un mariage ou une soirée mondaine
- **VIERGE** Sur les bancs de l'école ou au travail
- **BALANCE** Lors d'un speed dating improvisé
- **SCORPION** Dans une bibliothèque ou au rayon musique
- **SAGITTAIRE** Pendant un festival
- **CAPRICORNE** Lors d'un séminaire de *team building*
- **VERSEAU** Au cours d'un voyage
- **POISSONS** Pendant un brunch, le dimanche

MA RENCONTRE IDÉALE

Comme on l'a vu, poser une intention contribue à concrétiser ses souhaits, alors passons maintenant à la visualisation de ta rencontre idéale. Tu peux t'inspirer des lieux préférés de ton signe astrologique ou réfléchir à d'autres endroits.

INDIQUE ICI LES LIEUX QUI T'INSPIRENT LA RENCONTRE AMOUREUSE :

....

....

....

....

....

RÉDIGE LE MINISCÉNARIO DE TA RENCONTRE IDÉALE POUR QUE LES ÉTOILES REÇOIVENT TA DEMANDE :

....

....

....

....

....

COMMENT SÉDUIRE TON *CRUSH* SELON SON SIGNE ?

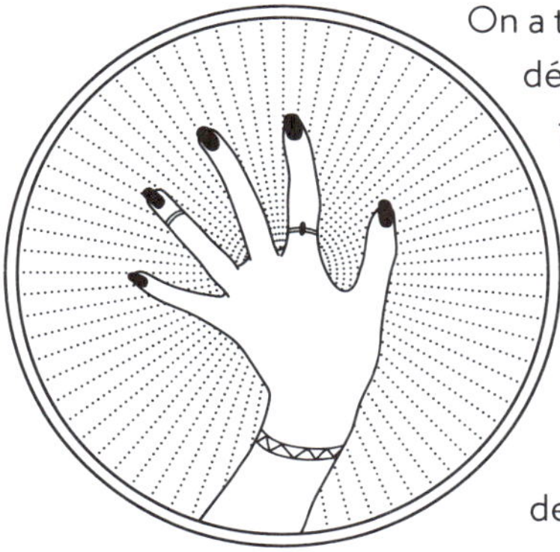

On a tou·te·s nos points faibles... Ces petits détails, attitudes, attentions qui, aussitôt, nous retournent le cœur et nous donnent des papillons dans le ventre – et même ailleurs. Les étincelles se créent parfois naturellement entre deux personnes, d'autres fois, il faut un peu plus de temps pour qu'une réelle complicité s'installe. Pour t'aider dans ta conquête amoureuse, voici mes meilleurs *tips* – enrobés dans une bonne dose d'humour – afin d'attirer l'attention de ton élu·e. Tu découvriras même quels sont ses tue-l'amour à éviter à tout prix.

BONUS : Si tu connais le placement de Vénus de ton crush, *regarde le signe dans lequel cette planète se situe, en plus de son signe solaire !*

SÉDUIRE
LE BÉLIER

Le Bélier aime la spontanéité, l'humour et les taquineries. Pour le séduire, fais-le rire, montre-lui que tu as confiance en toi et que tu n'as pas peur d'affirmer tes opinions. Envoie-lui des mèmes ou des gifs en signature de tes textos pour illuminer sa journée/sa nuit. C'est un petit cœur d'artichaut dont il faut garder la flamme allumée ! Ce qui le fait craquer, c'est la passion, le feu. Il doit sentir que vous partagez les mêmes délires et que vous vous comprenez.

××× **Ses tue-l'amour : le pessimisme à l'extrême, la susceptibilité et le manque d'autodérision.**

SÉDUIRE
LE TAUREAU

Le Taureau se laisse charmer par la maturité, la loyauté et la patience. Il apprécie les personnes qui savent ce qu'elles veulent. Reste toi-même et agis de manière spontanée et naturelle. Les personnes qui s'assument telles qu'elles sont et qui font preuve de sincérité le captivent. Invite-le pour un pique-nique en pleine nature, pour une randonnée ou pour venir manger un bon plat fait maison.

××× **Ses tue-l'amour : les promesses non tenues, l'instabilité et le manque de politesse.**

SÉDUIRE
LE GÉMEAUX

Le Gémeaux aime flirter : il est fan de toutes les sortes de jeux de séduction. Tu lui plairas en lui montrant que tu es aussi – si ce n'est plus ! – futée que lui, mais aussi en prenant part à des débats sur des sujets qui suscitent son intérêt. C'est un être qui aime être stimulé intellectuellement et bavarder de tout jusqu'au bout de la nuit. Montre-lui clairement tes intentions et ton ouverture d'esprit.

××× **Ses tue-l'amour : la jalousie excessive, le conservatisme et le manque de liberté.**

SÉDUIRE LE CANCER

Le Cancer a besoin de voir ton authenticité et ton honnêteté car il déteste les personnes fausses et superficielles. N'hésite pas à lui faire part de tes ressentis et de ce que tu penses. Il se sentira privilégié de faire partie de ta sphère intime. Sois sa confidente avant même d'espérer être son amoureuse car il a besoin de se sentir accepté tel qu'il est et de pouvoir se projeter avec l'autre sur le long terme.

××× **Ses tue-l'amour : l'insécurité émotionnelle, l'inconstance et le manque de tendresse.**

SÉDUIRE LE LION

Le Lion a besoin de beaucoup d'affection. Malgré son assurance apparente, il manque souvent de confiance en lui, il a donc besoin d'être rassuré et de se sentir chouchouté en amour. Le couvrir de compliments et lui montrer un soutien quasi inconditionnel lui permettra d'ouvrir son cœur sans peur. C'est un passionné qui a besoin de voir que son·sa partenaire est prêt·e à s'investir autant que lui dans la relation.

××× **Ses tue-l'amour : l'infidélité, l'égoïsme et le manque d'attention.**

SÉDUIRE LA VIERGE

La Vierge accorde difficilement sa confiance à autrui. Il faut lui prouver que tu es une personne sur qui elle peut compter. Demande-lui des conseils pour tout et n'importe quoi car elle raffole d'aider les autres et de passer du temps à les soutenir. Cela te permettra de mieux la connaître et de t'en rapprocher par la même occasion. Aussi, sache que la Vierge est fascinée par les personnes intelligentes et qui se montrent responsables.

××× **Ses tue-l'amour : les mensonges, la superficialité et le manque de gentillesse.**

SÉDUIRE LA BALANCE

La Balance est une grande bavarde. Pour attirer son attention, rien de tel que de lui parler du dernier livre qu'elle a lu ou de la série qu'elle a visionnée récemment. Elle prend beaucoup de plaisir à discuter de l'actualité, des dernières *news* et tendances. La culture est ce qui la fait vibrer, et cela s'applique par extension aux personnes cultivées et indépendantes. Elle aime sentir qu'elle a une réelle connexion avec toi, au-delà des sentiments, et que vous avez des centres d'intérêt communs.

××× **Ses tue-l'amour : la mesquinerie, l'impolitesse et le manque de culture.**

SÉDUIRE LE SCORPION

Le Scorpion a besoin de se sentir compris. Accorde-lui beaucoup d'attention, essaye de savoir ce qu'il aime et parle-lui de tes hobbies. Sache que, si cette personne s'ouvre à toi et te parle de sujets sérieux, c'est que tu lui as tapé dans l'œil. Voir que tu es toujours là pour lui, dans les bons moments mais aussi dans les plus sombres, le confortera dans ses sentiments. Si tu joues la carte du mystère, c'est un atout en plus.

××× **Ses tue-l'amour : la trahison, la superficialité et le manque d'écoute.**

SÉDUIRE LE SAGITTAIRE

Le Sagittaire aime les gens drôles et ouverts d'esprit. Il recherche une personne capable d'accepter son tempérament fougueux. Divertis-le avec de l'humour, en lui parlant de tout et de rien ; deviens son amie et propose-lui que vous vous voyiez régulièrement, tout en lui laissant son espace et ses activités personnelles. Sois franche quant à tes intentions envers lui, cela le fera craquer à coup sûr.

××× **Ses tue-l'amour : le côté trop sérieux, l'intolérance et le manque de curiosité.**

SÉDUIRE LE CAPRICORNE

Le Capricorne a besoin de voir que tu es une personne qui sait ce qu'elle veut et où elle va. Quelqu'un qui connaît les limites à ne pas franchir. Tu dois lui montrer que tu es persévérante, digne de confiance et que tu souhaites prendre soin de lui. En utilisant la carte de l'humour et celle de la spontanéité, tu gagnes des points. Montrer que tu te rappelles les petites choses qu'il t'a confiées sera aussi très efficace.

××× **Ses tue-l'amour : l'indécision, l'impulsivité et le manque de constance.**

SÉDUIRE LE VERSEAU

Le Verseau aime les âmes qui ne réfléchissent pas comme tout le monde et qui savent se remettre en question. Surprends-le en lançant une conversation sur une thématique originale. C'est un signe qui n'a pas peur des défis et des personnes qui lui résistent. Comme c'est également une personne qui a besoin de beaucoup d'espace et de liberté, l'inonder de textos n'est pas vraiment une bonne idée. Par contre, l'inviter à boire un verre : plutôt deux fois qu'une !

××× **Ses tue-l'amour : les tourments émotionnels, la possessivité et le manque de conversation.**

SÉDUIRE LE POISSONS

Le Poissons a besoin de beaucoup d'amour. Joue la carte du romantisme et de l'attention avec lui. Soutiens-le et complimente-le pour booster sa confiance en lui. N'hésite pas à lui parler de ses rêves, ou des tiens, de ce que tu aimes et emmène-le au restaurant pour passer une belle soirée en tête à tête, tout simplement. C'est quelqu'un qui a besoin de se sentir « comme à la maison » avec toi.

××× **Ses tue-l'amour : l'inattention, la brusquerie et l'incompréhension émotionnelle.**

LES SIGNES SUR LES APPLICATIONS DE RENCONTRES

Pour reprendre les grands traits de chaque signe, voici une petite simulation humoristique de leur profil sur les applications de rencontres.

BÉLIER

24 ANS

À la recherche de mon binôme de crossfit. Mes potes disent de moi que je suis drôle mais il paraît que je deviens un peu incontrôlable avec un verre dans le nez. Je sais pas, je m'en souviens pas. En vrai, je suis un cœur d'artichaut. Swipe à droite stp.

- Job : management et sciences de gestion
- Emplacement : en train de faire un sprint au bout de ta rue
- 20 photos Instagram

TAUREAU

25 ANS

Si tu sais pas cuisiner, passe ton chemin. Sauf si tu es OK pour me payer le buffet à volonté... Non, je rigole. Je te laisse une seconde chance si tu acceptes de me filer ton mdp Netflix. Après 22h, je réponds plus aux MP.

- Job : viticulture
- Emplacement : dans mon jacuzzi
- 45 photos Instagram

GÉMEAUX

22 ANS

Je suis pas souvent là, écris-moi plutôt sur TikTok ou mon instagram @best_of_gemini. Si tu me files un super rencard, je te promets la meilleure photo de toi de toute ta vie.

- Job : double master en communication digitale
- Emplacement : à une soirée chez des potes
- 1029 photos Instagram

LION

27 ANS

Cherche une personne qui souhaite régner sur le monde avec moi. Si tu as de l'humour et que tu aimes les débats (mais que tu me laisses avoir raison), tu peux me filer ton numéro. À très vite.

- Job : master en sciences politiques
- Emplacement : *in the spotlight*
- 209 photos Instagram

CANCER

28 ANS

Parent de trois adorables chats, recherche une relation sans prise de tête mais un minimum sérieuse. Mon don ? Connaître par cœur toutes les chansons Disney.
P.-S. : si t'es mon ex, ne swipe pas à droite

- Job : assistant·e social·e à mes heures perdues
- Emplacement : à un repas de famille très relou
- 56 photos Instagram

VIERGE

30 ANS

Je suis disponible du lundi au mercredi de 19h à 22h et du samedi au dimanche entre 11h et 18h. À part si tu m'appelles pour une soirée raclette : là, je suis toujours dispo. Quel est ton vin favori ?

- Job : diplômée en médecine générale
- Emplacement : en tête à tête avec mon agenda
- 123 photos Instagram

BALANCE

26 ANS

Je rêve du grand amour.
Des amis à moi vont se marier : ils se sont rencontrés sur cette appli, du coup, je tente ma chance...
P.-S. : Je ne réponds qu'aux super likes !

- Job : diplôme en stylisme et formation en coaching
- Emplacement : en train de me préparer pour mon prochain *date*
- 115 photos Instagram

SAGITTAIRE

23 ANS

Ne recherche rien de sérieux.
Je veux simplement faire des rencontres aux quatre coins du monde. Intéressé·e par des cours de langue ?
Swipe à droite.
You Only Live Once!

- Job : étudiant·e en tourisme et langues étrangères
- Emplacement : vient d'atterrir près de chez toi
- 93 photos Instagram

SCORPION

27 ANS

Je ne sais pas trop ce que je fais ici mais mes potes m'ont promis que ce serait drôle. Si tu cherches quelqu'un pour mater des films d'horreur, je suis la personne qu'il te faut. Genre, vraiment.

- Job : master en psychologie et formation en tarot
- Emplacement : en train de me masturber
- 113 photos Instagram

CAPRICORNE

31 ANS

Comme je n'ai pas le temps de rencontrer des gens en vrai, je tente ma chance ici.
Je suis à la recherche d'un·e futur·e associé·e (et plus si affinités). Même s'il n'y a que les affinités, je prends.

- Job : CEO chez « mon entreprise »
- Emplacement : toujours au bureau
- 45 photos Instagram

VERSEAU

000 ANS

Recherche humain
pour expérience intellectuelle
et charnelle (en bonus).
Nan, je déconne. Si tu veux savoir
quelque chose sur moi…
bah swipe à droite et pose
la question.

- Job : aviation alien, spécialisé en débarquement sur Terre
- Emplacement : dans l'espace
- 43 photos Instagram

POISSONS

24 ANS

Recherche ma future muse
qui me donnera ma dose
d'inspiration quotidienne.
Bad guys s'abstenir :
j'ai déjà assez donné. Quoique…
le charme ténébreux me fait
toujours craquer.

- Job : arts du spectacle, cinéma et photographie
- Emplacement : au ciné
- 15 photos Instagram

RITUEL POUR ACCUEILLIR ET ATTIRER L'AMOUR

Lorsqu'on a connu une ou plusieurs déceptions, des ruptures brusques ou encore des relations toxiques, il n'est pas toujours évident de se rouvrir à l'amour. Cela peut également être compliqué, lorsqu'on est en couple, d'attirer davantage d'amour à soi afin de réussir à se projeter et à consolider des projets à deux. Car lorsque le cœur est blessé, consciemment ou inconsciemment, cela entraîne souvent un manque d'amour de soi, une peur de ne pas être aimé·e en retour, de la possessivité à outrance, une difficulté à s'engager clairement dans sa relation, et j'en passe... Prendre soin de soi et des énergies, c'est aussi prendre soin de ceux qui nous entourent et particulièrement de sa relation amoureuse.

Pour t'y aider, je te propose ce rituel qui va te permettre de panser certaines de tes blessures afin d'accueillir de nouvelles ondes positives.

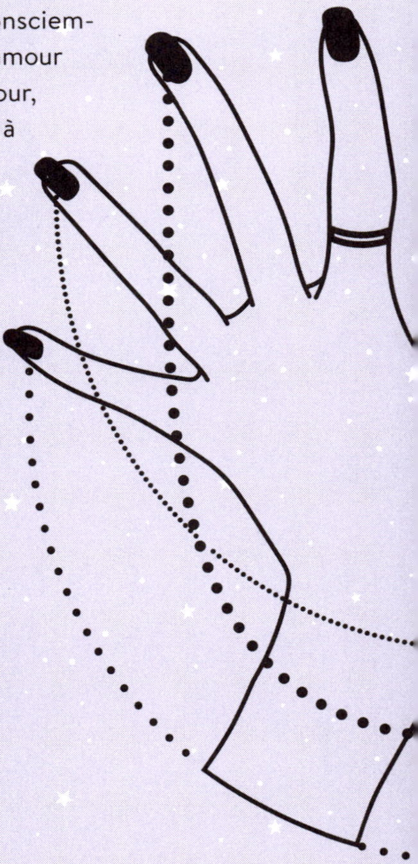

Pour ce rituel, tu auras besoin :

- D'une bougie
- De deux feuilles A4
- D'un stylo bille ou d'un stylo à plume
- D'huile essentielle de palmarosa, de rose de Damas et/ou de verveine citronnée
- D'une musique de fond apaisante (si tu le souhaites)
- De quelques pierres reliées au chakra du cœur (si tu le souhaites)
- Installe-toi dans une pièce calme, apaisante, où tu es sûre de ne pas être dérangée.
- Aère la pièce pour évacuer les éventuelles énergies qui ont pu s'y accumuler au cours de la journée. Mets de la musique douce, en fond sonore. Ensuite, allume la bougie que tu as choisie et récite tout haut[1] :

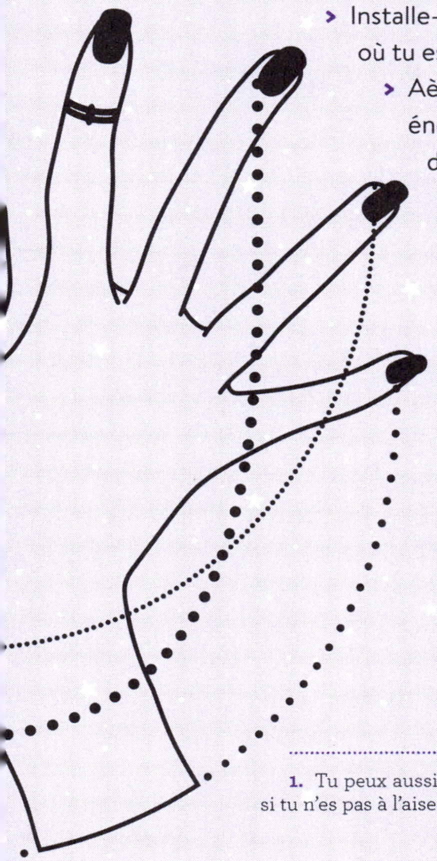

« À PARTIR DE MAINTENANT, JE PRENDS SOIN DE MOI ET JE LAISSE LES BONNES ÉNERGIES ME TRAVERSER. JE LAISSE DE CÔTÉ LE NÉGATIF ET JE PANSE LES BLESSURES SUIVANTES... »

1. Tu peux aussi penser ces mots très fortement sans les dire tout haut, si tu n'es pas à l'aise avec cela.

Prends la première feuille de papier et commence à y inscrire : « Quelles sont les blessures qui m'empêchent d'avancer aujourd'hui sur le plan amoureux et relationnel ? »

Pose-toi cette question, prends le temps qu'il te faut pour y réfléchir et écrire les mots qui te viennent. N'hésite pas à décrire les situations et à raconter tes souvenirs avec le plus de précisions possible. Si, par exemple, tu as été témoin de la séparation de tes parents lorsque tu étais enfant et que cela t'affecte toujours aujourd'hui, y a-t-il des mots que l'un ou l'autre a prononcés et qui t'ont marquée ? Si tu viens de vivre une rupture amoureuse (ou même une rupture amicale), y a-t-il des choses que l'autre a faites et que tu n'as pas exprimées ? C'est le moment de le faire, chère étoile. De déposer cela sur le papier et de te débarrasser de ces lourds bagages, une bonne fois pour toutes.

Lorsque tu as terminé de répondre à cette question, choisis ce que tu veux faire de cette lettre ; tu peux la relire, la conserver, la jeter, la déchirer, la brûler... Suis ce qui te paraît le plus juste et ce qui parle à ton cœur. Ensuite, prends ton flacon d'huile essentielle et sens-la. Les trois huiles essentielles proposées ci-dessus ont la réputation d'aider à chasser les pensées et les sentiments négatifs, mais aussi à surmonter le passé et à favoriser l'harmonie. Tu peux aussi en déposer deux ou trois gouttes sur tes poignets ou sur la seconde feuille que tu vas maintenant utiliser.

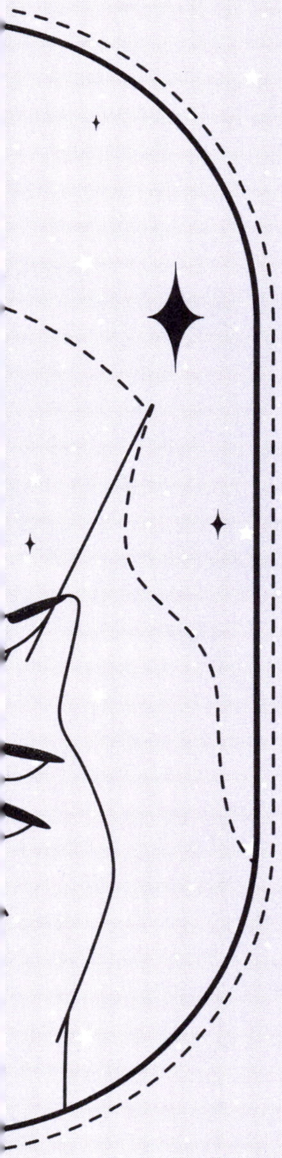

Sur ce papier, tu vas inscrire ce que tu aimerais manifester dans ta vie sentimentale et relationnelle. Là, maintenant. Est-ce une rencontre amoureuse ? Est-ce un emménagement à deux ? Une évolution comme le mariage ou le pacs ? Ou peut-être une prise de conscience concernant ta situation actuelle, qui ne te convient plus ?

Ensuite, écris les intentions amoureuses que tu as formulées précédemment ; ce que tu aimes/recherches chez l'autre, le type de relation que tu souhaites construire, tes attentes et tes besoins.

Une fois que tu as inscrit tout cela et posé des intentions claires et nettes quant à tes désirs et tes émotions actuelles, plie la feuille en quatre et pose-la contre ton cœur en te répétant (à voix haute, de préférence) :

**« JE MÉRITE L'AMOUR,
LA COMPASSION ET L'ABONDANCE. »**

Puis souffle sur la bougie, éteins la musique et inspire profondément plusieurs fois pour rééquilibrer tes énergies.

Tu peux bien évidemment répéter ce rituel lorsque tu sens que tu dois prendre soin de ton cœur.

Ton philtre d'amour

Et s'il existait un philtre magique pour faire succomber ton élu·e selon son signe astrologique ? De quoi serait-il fait ? Voici mes recettes de philtres d'amour pour chacun des douze signes du zodiaque.

À toi de préparer ta potion sous la forme d'un petit rituel pour accueillir l'abondance de l'amour. Mélange les différents ingrédients ci-après dans un petit bol ou un récipient en verre. Pendant la préparation, prends aussi le temps de faire le point sur ce qui te plaît chez l'autre et les raisons pour lesquelles cela te tient tant à cœur de lui plaire. Une fois que ton philtre est prêt, prends une feuille, écris le nom de la personne à qui tu dédies ce philtre d'amour ainsi que les choses que tu aimerais secrètement lui dire. Tu peux garder le philtre et la lettre chez toi (ou offrir ta lettre si tu es assez téméraire) ou bien déposer le tout dans un bel endroit – comme si c'était un petit autel de l'amour.

Signe astrologique	Fleur	Huile essentielle
BÉLIER	**1 tulipe**	2 gouttes de romarin
TAUREAU	**1 rose**	3 gouttes d'ylang-ylang
GÉMEAUX	**1 hibiscus**	2 gouttes de basilic
CANCER	**1 dahlia**	2 gouttes de lavandin
LION	**1 tournesol**	3 gouttes de thym
VIERGE	**1 lys**	2 gouttes de camomille
BALANCE	**1 marguerite**	2 gouttes de palmarosa
SCORPION	**1 chrysanthème**	2 gouttes de patchouli
SAGITTAIRE	**1 violette**	2 gouttes de géranium
CAPRICORNE	**1 pensée**	3 gouttes d'eucalyptus
VERSEAU	**1 orchidée**	3 gouttes de citronnelle
POISSONS	**1 lotus**	3 gouttes d'arbre à thé

Pierre	Intentions	Plantes et autres
1 jaspe rouge	Feu, passion, vivacité	Des framboises séchées
1 quartz rose	Patience, douceur, romance	De l'herbe fraîchement coupée
1 aventurine	Communication, humour, dynamisme	Des boutons-d'or
1 calcite bleue	Sensibilité, tendresse, intuition	Des copeaux de coco
1 cornaline	Amour, fidélité, confiance	Des baies de goji
1 amazonite	Compréhension, loyauté, affection	Une feuille d'arbre
1 lépidolite	Indépendance, harmonie, sérénité	Une pomme de pin
1 quartz fumé	Intensité, sensualité, confiance	Un marron
1 turquoise	Aventure, spontanéité, optimisme	Du gui
1 tourmaline noire	Persévérance, stabilité, assurance	Des copeaux de chocolat
1 hématite	Générosité, complicité, liberté	De l'encens vanillé
1 célestine	Rêverie, partage, émotions	Un sachet de thé vert

Chères étoiles, comme vous ne voulez pas admettre
Que ce que vous créez au quotidien a raison d'être
Les astres ont décidé de s'allier avec vous
Pour vous prouver que vous n'êtes pas fous
Pour que vous admiriez enfin
ce qui résonne au creux de votre cœur :
L'amour dans toute sa splendeur.

L'astrologie, une bonne étoile pour tous les amoureux de la Galaxie

REGARDER ENSEMBLE VERS LES ÉTOILES

Maintenant que tu te connais mieux, que tu as exploré ton profil amoureux et le type de partenaires qui te correspondent, il est temps d'étudier de plus près le couple d'un point de vue astrologique.

Car, contrairement à ce que nous font croire les comédies romantiques, l'aventure ne s'arrête pas au moment où on se met enfin avec notre partenaire… au contraire, c'est là que les choses sérieuses commencent !

Pour découvrir ton autre, il n'y a rien de mieux que l'expérience du quotidien, mais l'astrologie peut te donner un sérieux coup de pouce en te permettant d'identifier les domaines où vous serez complètement en osmose… et ceux où tu devras mobiliser ta bienveillance, ton empathie et tout ton amour pour comprendre un fonctionnement qui pourra te paraître très différent du tien. Grâce à l'analyse de la compatibilité amoureuse, l'astrologie permet de renseigner un couple sur ses affinités et ses points de discordance en ciblant précisément les domaines, que cela concerne la communication, la façon d'envisager l'avenir ou l'expression de ses sentiments, par exemple. Elle peut aussi révéler des événements importants de sa destinée amoureuse comme indiquer si une rencontre est karmique ou correspond en fait à des « retrouvailles avec une âme sœur d'une vie antérieure » – ce concept est toujours à mettre entre grands guillemets – ou, plus simplement, déterminer si cette rencontre entre deux minicosmos individuels devait avoir lieu – que ce soit la première ou la seconde fois.

Prête pour explorer la magie et les mystères de ton couple ? C'est le moment de partir à la découverte de la magnifique forêt d'étoiles créée par la rencontre de ton ciel et de celui de ton « âme-oureux·se ».

LA COMPATIBILITÉ ENTRE LES ÉLÉMENTS

Comme on a déjà pu le voir auparavant, les 12 signes du zodiaque sont regroupés selon quatre éléments distincts : feu, terre, air et eau. Les signes d'un même élément s'entendent particulièrement bien, mais il y a également des paires d'éléments particulièrement compatibles. Ainsi, les énergies de feu et d'air sont naturellement sur la même longueur d'onde ; l'air alimente le feu en soufflant dessus. Cela revient à dire que les signes du Bélier, du Lion, du Sagittaire, du Gémeaux, de la Balance et du Verseau sont compatibles. Tandis que, de l'autre côté, terre et eau se complètent et se nourrissent l'un et l'autre ; l'eau empêche la terre de se craqueler et s'évapore moins lorsqu'elle y est mélangée. Les signes du Taureau, de la Vierge, du Capricorne, du Cancer, du Scorpion et du Poissons s'entendent donc à merveille.

Ce principe est valable pour tout placement de planètes et ne concerne pas uniquement les signes solaires. Concrètement, une Vénus en Lion (feu) est donc compatible avec une Vénus en Balance (air), et une Vénus en Cancer (eau) est compatible avec une Vénus en Taureau (terre).

Signes de feu & d'air

Signes de terre & d'eau

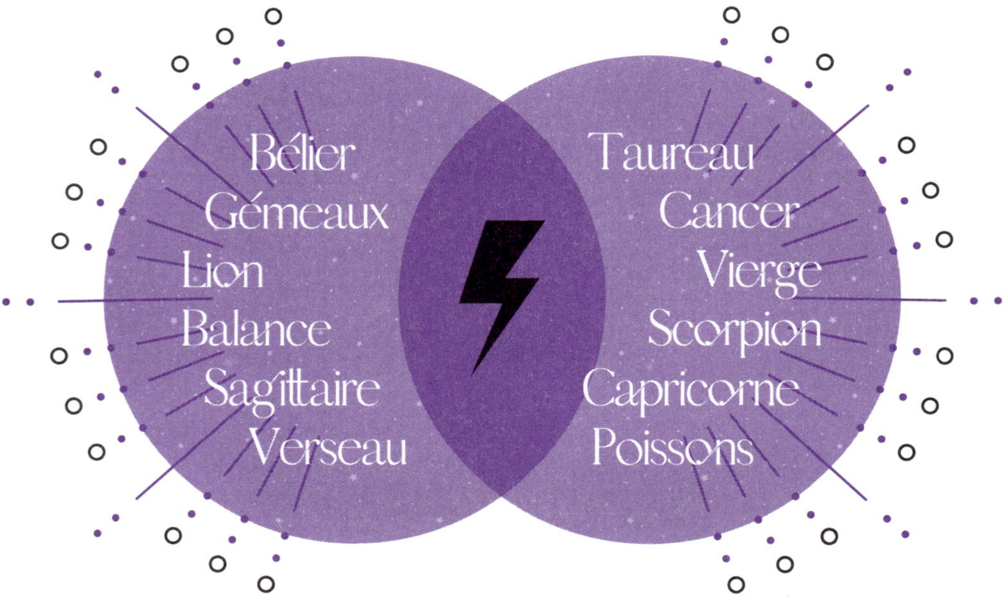

Croiser les énergies entre paires d'éléments fait intervenir des énergies non compatibles. Rappelle-toi : l'eau éteint le feu, la terre étouffe l'air... et ainsi de suite. Bien sûr, il ne faut pas se limiter au Soleil : tu peux très bien avoir un signe solaire dans un élément dit « incompatible » avec celui de ton·ta partenaire mais avoir, par ailleurs, dans ta carte du ciel de nombreuses planètes en accord avec les siennes.

COMPATIBILITÉ ENTRE LES SIGNES : CAS PARTICULIERS

Qu'en est-il d'un couple dont les deux personnes sont nées sous le même signe ? Elles seront compatibles, la nuance se situe simplement dans le fait que, comme ces énergies sont similaires plutôt que complémentaires, elles peuvent parfois manquer de ressources l'une pour l'autre. Néanmoins, cette similitude ne s'appliquera qu'au signe solaire (généralement) ; il sera donc intéressant d'étudier les placements de Vénus et de la Lune pour discerner toutes les nuances. Malgré leurs ressemblances, ces deux personnes auront obligatoirement des différences qui viendront enrichir leur relation.

Et pour les amoureux·ses qui sont né·e·s sous des signes opposés ?

Les opposés s'attirent, en astrologie. En effet, les signes opposés sont, avant tout, des signes complémentaires : leurs énergies se complètent et s'harmonisent. Même si, parfois, cela demande pas mal de travail sur soi d'être avec une personne qui a des opinions ou des comportements foncièrement différents des siens sur certains points. Être né sous le signe du Bélier tandis que son·sa partenaire est Balance permet de trouver un certain équilibre et d'ouvrir les perspectives de l'un·e et de l'autre.

Les signes opposés et leur symbolisme

BÉLIER La guerre	**BALANCE** La paix
TAUREAU La vie	**SCORPION** La mort
GÉMEAUX La réflexion	**SAGITTAIRE** L'action
CANCER La mère	**CAPRICORNE** Le père
LION L'ego	**VERSEAU** L'altruisme
VIERGE La réalité	**POISSONS** Le rêve

Ce sont des signes qui agissent et se comportent de manières très différentes au quotidien, mais qui ont en vérité les mêmes objectifs à long terme. Simplement, ils les atteignent en empruntant un chemin de vie différent.

Cependant, même si les oppositions sont généralement favorables en amour, trop de différences peuvent nuire à la bonne entente entre deux personnes. Une fois de plus, l'excès reste nocif, et des points de vue trop différents peuvent menacer la compréhension entre les deux personnes même si les sentiments sont présents.

N.B : Pour certain·e·s astrologues, le fait de relever beaucoup d'oppositions entre les thèmes astraux de deux personnes peut indiquer qu'il s'agit d'une rencontre entre des flammes jumelles. Le principe des flammes jumelles s'appuie sur la croyance qu'on aurait tou·te·s sur Terre un opposé (physique et mental) en tout point qui serait là pour nous compléter et que l'on serait destiné·e à rencontrer pour « ne faire qu'un ».

LES COUPLES DE TON ENTOURAGE

Maintenant que tu vois un peu mieux comment fonctionnent les principes des compatibilités amoureuses, je t'invite à t'entraîner sur tes proches : essaye d'observer les couples qui t'inspirent au sein de ton entourage (amis, famille, connaissances…).

Pour cela, identifie chacun des couples, indique leurs signes astrologiques (et leurs ascendants ainsi que les lunaires, si tu les connais), puis note ce que tu aimes dans leurs personnalités, dans leur fonctionnement en tant que couple, mais également dans leur comportement individuel. Cet exercice va te permettre de prendre du recul par rapport aux compatibilités amoureuses et d'observer, d'un autre œil, ce que tu apprécies chez ceux qui font partie de ta sphère.

Premièrement, relie les paires qui font partie de ton entourage :

BÉLIER	BALANCE
TAUREAU	SCORPION
GÉMEAUX	SAGITTAIRE
CANCER	CAPRICORNE
LION	VERSEAU
VIERGE	POISSONS

COUPLE N° 1

Prénom et nom des tourtereaux :

....

Leur signe astrologique :

....

Leur ascendant et/ou signelunaire (si tu les connais) :

....

Qu'indique leur compatibilité à première vue (éléments complémentaires, signes opposés, signes non compatibles...) ?

....

....

....

Qu'apprécies-tu dans leur manière d'être, en tant que couple ?

....

....

....

Quel(s) trait(s) de caractère apprécies-tu chez chacun des deux ? Est-ce que leur signe astrologique- les représente bien ?

....

....

COUPLE N° 2

Prénom et nom des tourtereaux :

Leur signe astrologique :

Leur ascendant et/ou signe lunaire (si tu les connais) :

Qu'indique leur compatibilité à première vue (éléments complémentaires, signes opposés, signes non compatibles...) ?

Qu'apprécies-tu dans leur manière d'être, en tant que couple ?

Quel(s) trait(s) de caractère apprécies-tu chez chacun des deux ?
Est-ce que leur signe astrologique les représente bien ?

COUPLE N° 3

Prénom et nom des tourtereaux :

Leur signe astrologique :

Leur ascendant et/ou signe lunaire (si tu les connais) :

Qu'indique leur compatibilité à première vue (éléments complémentaires, signes opposés, signes non compatibles...) ?

Qu'apprécies-tu dans leur manière d'être, en tant que couple ?

Quel(s) trait(s) de caractère apprécies-tu chez chacun des deux ?
Est-ce que leur signe astrologique les représente bien ?

ÉTUDES DE CAS SOUS LES ÉTOILES : LES COUPLES EMBLÉMATIQUES

Pour être sûr·e que tu as bien compris le principe des compatibilités, je te présente quelques couples célèbres qui marquent l'univers du show-business, de la musique, du grand et du petit écran et qui se révèlent très compatibles.

KATY PERRY ET ORLANDO BLOOM, SCORPION + CAPRICORNE, un couple presque parfait selon l'astrologie

La diva de la pop acidulée et colorée est née sous le signe du Scorpion ; c'est même une triple Scorpion (Soleil, Lune et ascendant dans ce signe) avec un caractère fort – lequel est également souligné par ses autres placements sur sa carte du ciel. Courageuse et déterminée, elle sait comment atteindre le pouvoir grâce à son thème plutonien. Elle est séduisante, charismatique, et elle n'a pas peur de participer à la transformation des mœurs et de son époque. Ses émotions peuvent, cependant, être vives et (très) intenses, voire difficiles à contrôler. En face d'elle, il lui faut donc une personnalité forte mais stable, qui lui apporte un sentiment de sécurité tout en lui laissant sa grande indépendance et une belle marge de manœuvre. Cela n'est donc pas étonnant qu'Orlando soit né sous le signe du Capricorne, un signe très compatible avec le Scorpion et qui est capable de calmer ses angoisses, tout en lui apportant la tendresse et l'affection qu'il recherche. En outre, ces deux signes partagent une même vision de la vie et des objectifs communs.

Ce couple s'appuie donc sur des bases solides puisque leurs Soleil sont dans des éléments (eau et terre) et dans des signes (Scorpion et Capricorne) très compatibles.

Si l'on étudie leur thème astral de plus près, on s'aperçoit que leur signe lunaire est le même ; ainsi, ils ont tous deux leur Lune (et donc leurs émotions) qui fonctionne sur le même mode vibratoire, dans le signe du Scorpion. Et, surtout, la Lune d'Orlando se superpose au Soleil de Katy, ce qui est un des aspects les plus favorables et les plus importants en compatibilité amoureuse : cela montre qu'ils recherchent le même genre d'intimité, qu'ils partagent des émotions similaires et que leur complémentarité débouche sur une véritable et belle harmonie.

On remarque ensuite que Katy a son placement de Mars en Capricorne. Si tu te rappelles bien, Mars représente la libido, les désirs sexuels et l'attirance qu'une personne peut avoir envers une autre. Dans les principes traditionnels de l'astrologie, on dit même que Mars représente, sur le thème natal, « l'homme idéal » pour une femme hétérosexuelle. Pour Katy, « l'homme idéal » serait donc Capricorne… et Orlando a son Soleil dans ce signe !

On aboutit donc à un sans-faute jusqu'à présent. Même leurs placements de Mercure (la communication) sont compatibles, puisqu'ils sont, une fois de plus, sur l'axe Scorpion-Capricorne.

Néanmoins, comme pour tout couple, il y a des points de discordance. Pour eux deux, le seul qui semble réellement sauter aux yeux est l'aspect négatif qui se forme entre leurs Vénus. En effet, Vénus représente l'amour, l'expression des sentiments et des valeurs. Or, Katy a Vénus en Sagittaire, tandis qu'Orlando a Vénus en Poissons : il s'agit de signes et d'éléments non compatibles (feu *vs* eau). Cela semble indiquer qu'ils expriment leur affection de manière différente et qu'ils ont des différences de goûts de manière générale ; ça peut également être le signe d'un mélange d'amour et de conflits. Le fait de voir des Vénus incompatibles dans une relation qui dure sur le long terme est assez rare ; généralement, on l'observe davantage dans des flirts ou des relations à court terme. Toutefois, comme énormément d'autres éléments de leurs thèmes respectifs sont compatibles, cela vient contrebalancer et rajouter du « liant » entre eux deux. Ainsi, les conflits sentimentaux peuvent être rapidement apaisés par une bonne discussion et dès lors qu'ils se rappellent qu'ils regardent dans la même direction.

BEYONCÉ ET JAY-Z, VIERGE + SAGITTAIRE, ♍♐ le couple qui vaut toutes les étoiles de la Galaxie

Couple mythique, couple-phare, Beyoncé et Jay-Z règnent sur l'industrie musicale depuis plus d'une vingtaine d'années et incarnent le « couple goal » par excellence. Pourtant, à première vue, quand on connaît leurs signes astrologiques, leur entente ne paraît pas si évidente. Notre Queen B est née sous le signe de la Vierge, tandis que Jay est né lors de la période du Sagittaire. Signe de terre *vs* signe de feu : on l'a vu, cela ne fait pas bon ménage. Mais, comme tu le sais maintenant, s'arrêter uniquement sur les signes solaires pour comprendre une compatibilité amoureuse est bien trop réducteur, il faut regarder les thèmes dans leur globalité et comprendre ce qui lie – ou non – deux individus sous le ciel de l'amour.

Premièrement, il est intéressant de voir que l'ascendant de Jay-Z est la Vierge, son axe ascendant se superpose même presque parfaitement sur le Soleil de sa chérie. Tandis qu'elle est ascendant Balance, un signe très compatible avec le Sagittaire. Quand on regarde le thème de Beyoncé de plus près, on remarque que la Balance n'est pas uniquement son signe ascendant, mais que c'est également son signe dominant puisqu'elle a cinq planètes dans ce signe, ce qui marque incontestablement sa personnalité et la colore d'énergies vénusiennes, douces et artistiques. L'amour, l'art et le fait de partager son quotidien avec les autres, et notamment un partenaire de vie, sont des priorités pour elle.

Aussi, le signe de la Balance est également très présent dans la personnalité de Jay-Z car c'est son signe lunaire. D'ailleurs, les deux tourtereaux ont l'élément air comme élément dominant dans leurs thèmes respectifs : la majorité de leurs planètes se trouvent dans des signes d'air, et plusieurs de ces planètes se superposent sur la carte du ciel de l'un et de l'autre. Cela booste l'énergie de leur couple et cela fait même rayonner certaines de leurs planètes en énergie haute (notamment, pour Jay-Z, Uranus, Jupiter et la Lune qui sont en Balance, un signe qui leur est particulièrement favorable).

Tu peux donc l'observer, en dehors de leurs signes solaires qui semblent être en conflit, leur compatibilité est au beau fixe. De plus, la Vénus de Jay-Z se situe dans le signe du Scorpion, exactement au même endroit que la Lune de Beyoncé. C'est un aspect très puissant à prendre en compte dans une compatibilité amoureuse car il montre que le couple entretient une véritable harmonie, que chacun a une grande affection et une considération pour l'autre, et il indique même que Beyoncé a sûrement un effet quasi hypnotique sur son partenaire de vie. Ce dernier l'idéalise, d'une manière positive.

Enfin, ils ont des placements de Mars très compatibles (en signes opposés : Lion et Verseau). Cela indique donc une complémentarité sur le plan sexuel, ce qui est très important en couple, rappelons-le. Mais c'est aussi un bel aspect concernant la manière dont ils agissent au quotidien : ils se boostent l'un et l'autre en permanence. *This is it.*

KIM KARDASHIAN ET KANYE WEST, BALANCE + GÉMEAUX, le couple qui fait la une des magazines

C'est LE couple qui fait parler de lui quasi quotidiennement, entre beaux accomplissements en duo et scandales de presse. Ils font rêver certain·e·s d'entre nous et en font rager d'autres. On les aime ou on les déteste, mais il n'y a pas d'entre-deux, contrairement à ce que pourraient laisser croire leurs deux signes astrologiques, qui balancent d'un côté et puis de l'autre et qui peuvent se montrer très lunatiques et versatiles.

Bien évidemment, leurs signes solaires sont directement compatibles : les deux stars sont nées sous des signes d'air qui sont très réputés pour leur bonne entente, notamment car ils se laissent à tous deux énormément d'indépendance et construisent leur amour sur une solide amitié et de grandes discussions. De plus, la Balance et le Gémeaux sont des signes qui ont toujours cette sensation de « manque » et qui sont à la recherche de leur moitié. Le fait de la trouver leur permet de mieux se projeter à long terme.

Et, en parlant de long terme, la relation des « deux K » semble faite pour durer car on observe que le signe ascendant de Kim est le Sagittaire, le signe opposé et complémentaire du Gémeaux (solaire de Kanye), et que, surtout, la maison 7 de la *girl boss* est dirigée par le signe du Gémeaux, le signe de son mari. Cela indique que Kanye correspond totalement aux critères que Kim recherche en matière de couple et d'association sur la durée.

Leurs Lune sont toutes deux situées dans le signe du Poissons, ce qui montre que leurs émotions sont au diapason et qu'ils se comprennent mutuellement grâce à leur grande sensibilité, qu'ils ne dévoilent sûrement à personne d'autre en dehors de leur bulle. Même leurs placements de Vénus sont compatibles (Vénus en Vierge pour elle et Vénus en Taureau pour lui), et il en est de même pour leurs Mercure (Mercure en Scorpion pour elle et Mercure en Taureau pour lui), ce qui montre qu'ils ont des points de vue souvent opposés, mais qui se complètent. Cela leur permet d'ouvrir les perspectives de l'un et de l'autre s'ils acceptent le compromis et ne restent pas entêtés sur leurs positions respectives.

Enfin, ce couple peut clairement nous faire parler de « rencontre du destin » car le Nœud Nord de Kanye se situe en Balance, exactement là où se trouve le Soleil de Kim sur sa carte du ciel. Leurs chemins étaient donc destinés à se croiser afin qu'ils évoluent de façon commune et individuelle.

D'AUTRES COUPLES-PHARES :

JENNIFER ANISTON ET BRAD PITT **Verseau + Sagittaire,** l'idylle que tout le monde rêve de voir renaître

BLAKE LIVELY ET RYAN REYNOLDS **Vierge + Scorpion,** une *love story* plus belle en vrai que sur les écrans de Hollywood

MEGHAN MARKLE ET HARRY DE SUSSEX **Lion + Vierge,** le couple royal qui redéfinit les coutumes et les valeurs d'aujourd'hui

VRAI OU **FAUX ?**

Voici de quoi mettre en pratique tes connaissances sur les compatibilités amoureuses. (Les réponses se trouvent page suivante.)

1. En étude de compatibilité amoureuse, on ne peut pas croiser les Soleil, les Lune et les ascendants pour mieux comprendre les atomes crochus entre deux personnes.

Vrai - Faux

2. Le signe descendant ne gouverne pas la maison 7 d'un thème natal.

Vrai - Faux

3. La maison 7 est pertinente pour étudier la probabilité d'un mariage.

Vrai - Faux

4. L'élément dominant dans un thème natal n'est pas à prendre en considération pour réaliser une analyse de compatibilité.

Vrai - Faux

5. Sur le thème natal d'une femme, Mars peut renseigner sur le type d'hommes qui l'attirent.

Vrai - Faux

6. Sur un thème natal, Vénus représente l'expression des sentiments d'un individu, mais aussi l'argent et les gains.

Vrai - Faux

7. Lorsque le Soleil d'un·e partenaire et la Lune de l'autre se trouvent dans le même signe, voire se superposent, c'est un grand indice de compatibilité.

Vrai - Faux

8. Pour qu'une relation dure, il faut que toutes les planètes et les astéroïdes des deux thèmes des partenaires soient compatibles.

Vrai - Faux

1. Faux

On peut croiser les différents signes d'une personne pour mieux comprendre sa compatibilité avec une autre (cf. étude de cas : Beyoncé et Jay-Z). D'ailleurs, nous verrons par la suite que ce sont les astres qui se superposent qui sont le plus à prendre en compte pour les compatibilités amoureuses (par exemple, l'axe ascendant de Jay se superpose au Soleil de Bey, etc.).

2. Faux

Le signe descendant est bel et bien le signe qui gouverne la maison 7 : couple, association, mariage. C'est la maison qui désigne les rapports avec l'autre.

3. Vrai

La maison 7 représente le domaine du couple, de l'association et du mariage.

4. Faux

L'élément dominant d'un thème astral est à prendre en considération pour établir correctement une compatibilité amoureuse, comme on a pu le voir avec l'analyse du couple-phare : Beyoncé et Jay-Z, qui sont tous deux portés majoritairement par les énergies de l'élément de l'air.

5. Vrai

Mars représente le principe masculin en astrologie. Sur le thème natal d'une femme hétérosexuelle, bisexuelle ou pansexuelle, cela peut être un indicateur du type d'hommes qui l'attirent.

6. Vrai

On l'oublie souvent mais, en dehors de l'amour et de la beauté, Vénus symbolise aussi l'argent. Un transit positif de Vénus peut indiquer un gain d'argent, et un transit négatif, une perte d'argent ou une situation trouble.

7. Vrai

Oui, la superposition des deux luminaires indique une grande compatibilité.

8. Faux

Il est évidemment très rare, voire impossible, que toutes les planètes et les astéroïdes des cartes du ciel de deux personnes soient compatibles. Pourtant, cela ne veut pas dire qu'une relation est vouée à l'échec si deux ou trois éléments sont contradictoires ou en aspects négatifs. Cela devient néanmoins compliqué lorsque aucun luminaire n'est en accord et que les Vénus et les Mars ne sont pas compatibles.

LA CLÉ DU COUPLE EST DANS LES ÉTOILES : LA SYNASTRIE

La synastrie, c'est quoi ? C'est une double carte du ciel constituée via la superposition des thèmes astraux des deux membres d'un couple ; le thème du partenaire 1 est retranscrit dans le cercle intérieur, celui du partenaire 2, dans le cercle extérieur. Grâce à une synastrie, on peut repérer les affinités et les points de discordance mais aussi les traits de personnalité que l'autre active chez soi, ainsi que ce qu'il vient accentuer ou atténuer. C'est aussi grâce à ce thème astral particulier qu'on peut voir si une rencontre ou une union a un caractère dit « karmique » et si des retrouvailles d'âmes sœurs ont lieu. Tu l'as compris, la synastrie est l'essence même de ce qu'on appelle plus couramment « les compatibilités amoureuses » : c'est un outil très précieux pour explorer une relation.

ET MOI ?

Pour obtenir la synastrie de ta relation, je t'invite à te rendre sur le site Astrotheme.fr, dans la rubrique « Compatibilité », puis « Double carte de synastrie ».

LA SYNASTRIE : MODE D'EMPLOI

LES CONJONCTIONS

Pour analyser ta synastrie, tu dois, en priorité, repérer tout ce qui est conjoint, c'est-à-dire identifier les éléments des deux cartes qui se superposent.

Une conjonction est un aspect entre deux planètes superposées : elles se trouvent dans le même axe et se situent à 10° – ou moins – l'une de l'autre. Généralement, elles sont dans le même signe, mais certaines conjonctions peuvent être visibles dans des signes successifs.

En effet, les astres qui se superposent donnent le ton de la rencontre. En synastrie, la conjonction peut aller jusqu'à 12°. Plus la conjonction est forte – lorsque les planètes se trouvent à 0° ou à 1° l'une de l'autre –, plus on considérera que les deux personnes sont liées. Par exemple, une Lune superposée à tout pile 0° de la Vénus de son amoureux·se indique un lien très fort au niveau émotionnel (Lune) et sentimental (Vénus) dans le couple.

Au-delà des planètes et astéroïdes, les quatre grands axes d'un thème astral (axe ascendant, axe descendant, axe de Fond de Ciel et de Milieu de Ciel) peuvent également être pris en compte dans les superpositions. Notamment si le signe ascendant de l'un tombe sur le signe descendant ou sur le Fond de Ciel de l'autre, par exemple.

Exemple de conjonctions

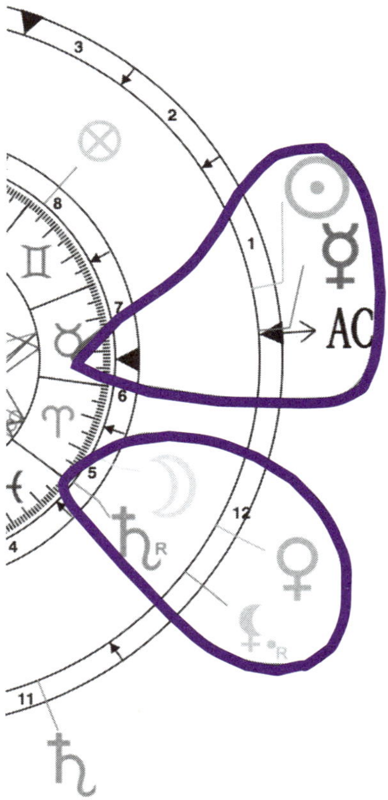

Dans cet exemple, on voit que Vénus et Lilith de la personne n° 1 sont conjointes à la Lune et au Saturne de la personne n° 2. En outre, il y a également conjonction entre l'axe ascendant, le Soleil et Mercure de la personne n° 1 et l'axe descendant de la personne n° 2.

Plus il y a de conjonctions et de superpositions de planètes, plus la rencontre est significative. Les conjonctions entre les luminaires (Soleil, Lune) et/ou les planètes individuelles (Vénus, Mars, Mercure) et Jupiter sont généralement positives, tandis que les conjonctions avec les planètes lourdes sont plus nuancées. Par exemple, un Saturne superposé au Soleil indique un respect mutuel et une durabilité de la relation, mais cela peut également suggérer que la personne dont le Soleil est situé à cet emplacement redoute les réactions de son partenaire, qui a son Saturne superposé.

Pour voir toutes les explications et le détail des superpositions, je t'invite à regarder le glossaire page 266.

Mon petit conseil : entoure toutes les conjonctions visibles sur ta synastrie. Cela t'aidera à mieux repérer les secteurs impactés par la rencontre.

Une fois que tu as repéré les conjonctions, tu peux étudier la compatibilité des planètes conjointes. Celle-ci est déterminée – comme pour les signes astrologiques – par les éléments. Il te suffit donc de regarder dans quel signe se trouve chaque planète pour les deux partenaires et de voir si les éléments auxquels les signes appartiennent sont compatibles.

Exemple Vénus située en Vierge pour le·la partenaire 1 et Vénus en Cancer pour le·la partenaire 2. La Vierge appartient à l'élément terre, et le Cancer, à l'élément eau, les deux Vénus sont donc compatibles.

Ce principe est valable pour toutes les planètes du thème. Ce qui veut dire qu'un Mars en Verseau est compatible avec un Mars en Gémeaux. Ou qu'un Mercure en Bélier est compatible avec un Mercure en Lion, par exemple.

LES INTERASPECTS

Pour approfondir l'analyse de ta double carte de synastrie, tu peux ensuite étudier la compatibilité des autres planètes. Cette analyse sera plus pertinente avec les planètes individuelles (Mercure, Mars, Vénus) et Jupiter et Saturne, car ces planètes donnent davantage de détails que les planètes dites « générationnelles » (Uranus, Pluton, Neptune).

N.B. : La plupart du temps, les planètes générationnelles seront conjointes dans la synastrie, car elles mettent énormément de temps à se déplacer.

Si tu as Vénus en Taureau et que tu souhaites savoir si tu exprimes tes sentiments de la même manière que ton·ta partenaire malgré le fait que tu n'as pas de conjonction visible sur ton thème de synastrie (c'est-à-dire si vos deux Vénus ne sont pas superposées), tu vas regarder où se trouve Vénus chez ton·ta partenaire : tu pourras ainsi déterminer l'aspect que les deux astres forment entre eux en dehors de la conjonction inexistante. Les aspects sont facilement identifiables sur la synastrie : ils correspondent aux lignes bleues et rouges tracées dans le cercle central.

Pour l'étude d'une synastrie, je conseille de se concentrer sur les quatre principaux aspects détaillés ci-dessous, les autres étant moins pertinents à mon sens.

DEUX PLANÈTES SONT EN ASPECTS POSITIFS (EN BLEU SUR LA CARTE) SI :

- **elles forment un angle de 60° :** on dit qu'elles sont sextiles
- **elles forment un angle de 120° :** on dit qu'elles sont trigones

DEUX PLANÈTES SONT EN ASPECTS NÉGATIFS (EN ROUGE SUR LA CARTE) SI :

- **elles forment un angle de 90° :** on dit qu'elles sont en carré
- **elles forment un angle de 180° :** on dit qu'elles sont en opposition

Attention, les oppositions sont à nuancer car ce sont des placements en signes opposés, et donc, comme on l'a vu, complémentaires. Ainsi, les oppositions en synastrie sont des aspects bénéfiques qui peuvent stimuler et booster une relation.

ET MOI ?

Pour observer ces aspects sur le site Astrotheme.fr, il te suffit de cliquer sur la planète dont tu souhaites étudier les aspects. Par exemple, tu cliqueras sur la Vénus de ton thème ou de celui de la personne avec qui tu compares ta carte du ciel. Cela te permettra de voir les aspects qui concernent uniquement cette planète (elle peut avoir plusieurs aspects à la fois).

Par exemple, ta Vénus pourrait avoir à la fois un trigone avec celle de ton·ta partenaire (une ligne bleue) et un carré avec le Jupiter de l'autre (une ligne rouge). Je te recommande de procéder ainsi afin de regarder pour chaque planète les aspects qu'elle a individuellement avec les autres astres ; n'hésite pas à prendre des notes au fur et à mesure, cela t'aidera ensuite à faire une synthèse.

N.B. : Si tu souhaites gagner du temps, tu peux cocher la case « liste aspects et positions des planètes » (elle se trouve en bas de la synastrie). Cela te permettra d'afficher tous les interaspects (conjonctions, oppositions, etc.) présents sur ta compatibilité amoureuse. Je te recommande de les vérifier tout de même, car j'ai remarqué qu'il arrive fréquemment que certains aspects soient oubliés ou ajoutés à tort par le générateur automatique. Si tu veux vraiment être sûre des résultats, je te conseille d'utiliser le site Astro.com :

tu peux aller imprimer une synastrie sans afficher les aspects et ensuite les tracer toi-même à la main.

LES INCOMPATIBILITÉS

Trouver quelqu'un qui est totalement compatible avec soi relève presque d'une mission impossible, même si le hasard fait souvent (très) bien les choses. C'est donc tout à fait normal de ne pas avoir toutes ses planètes compatibles avec son autre. On connaît tou·te·s un couple de Bélier-Capricorne ou de Scorpion-Verseau qui est tout de même heureux depuis des mois, quand ce ne sont pas des années. En y regardant de plus près, on pourrait sûrement observer sur leur thème de compatibilités que leurs Lune et leurs Vénus sont compatibles tout comme, avec un peu de chance, leurs Mercure afin de leur permettre de mieux communiquer malgré leurs différences.

LES CAS PROBLÉMATIQUES POUR LES COMPATIBILITÉS AMOUREUSES :

1• Lorsqu'on observe qu'aucun luminaire n'est compatible avec celui de son·sa partenaire (Soleil et Lune incompatibles, Lune incompatibles, Soleil incompatibles). En effet, cela montre que les objectifs de l'un·e et de l'autre, leurs tempéraments ainsi que leurs émotions ont du mal à se connecter.

2• Un autre problème survient si on remarque que quatre carrés (aspects négatifs de 90° entre deux astres) ou plus sont visibles sur la double carte de synastrie. Cela indique que le couple doit vivre pas mal de challenges et accepter de se remettre en question à de nombreuses reprises. Si les deux partenaires ne sont pas prêts pour cette remise en question et ne désirent pas faire de compromis, cela risque d'être peu durable sur le long terme.

3• Bien évidemment, les problèmes surviennent également si les Vénus ne sont pas compatibles ni entre elles ni avec le Mars de l'un ou de l'autre. Cela montre qu'il y a des difficultés quant à l'expression sentimentale, le couple ne se comprend pas et ne parle pas le même langage amoureux. Sur le long terme, la seule chose qui peut rattraper la non-compatibilité de Vénus/Mars est une bonne entente entre les luminaires et les ascendants/descendants des partenaires.

LES INDICES DES RELATIONS QUI SONT FAVORISÉES PAR LES ASTRES

Dans les thèmes de couples mariés (ou de futurs mariés), on observe souvent le même type d'aspects. Ainsi, on peut voir que l'axe ascendant-descendant s'entrecroise (ce qui veut dire que les partenaires ont des ascendants en signes opposés/complémentaires) ou encore que l'un·e a son Soleil ou sa Lune qui tombe dans la maison 7 de l'autre. On remarque aussi que les interaspects, trigone et sextile ou même oppositions, de Saturne (planète qui représente les structures) sont fréquemment visibles, car ils viennent stabiliser la relation et lui permettent de se construire sur la durée. Par ailleurs, sur la majorité des thèmes de couples mariés serait visible (au moins) une conjonction, un carré ou une opposition de Saturne avec un luminaire, l'ascendant ou une planète individuelle de l'autre personne. Enfin, les nœuds lunaires (Nord et Sud) sont régulièrement superposés à des planètes individuelles ou des luminaires aussi, avec ou sans signification karmique.

MA CARTE DE L'AMOUR

Colle ici la synastrie (thème de compatibilités) que tu souhaites analyser pour voir si les astres sont favorables à ta relation.

N.B. : Pour comprendre les significations des différents interaspects et conjonctions observables sur cette carte de l'amour, je te renvoie au glossaire page 266.

FICHE D'IDENTITÉ DE MA SYNASTRIE

Mon signe solaire ------------------	Le signe solaire de mon·ma partenaire : ------------------
Mon signe ascendant ------------------	Le signe ascendant de mon·ma partenaire : ------------------
Mon signe lunaire ------------------	Le signe lunaire de mon·ma partenaire : ------------------
Mon élément dominant ------------------	Son élément dominant : ------------------

Quelles sont les caractéristiques ci-dessus qui sont compatibles et/ou que je peux entrecroiser favorablement ?

....

....

....

Quelles sont les caractéristiques qui divergent et qui sont incompatibles ou contradictoires ?

....

....

....

Nos Vénus sont dans les signes

....

et

....

Ce qui montre qu'on exprime nos sentiments de manière : complémentaire - similaire - différente.

Nos Mars sont dans les signes

....

et

....

Ce qui montre que nos désirs et notre attirance sexuelle se dévoilent de manière : complémentaire - similaire - différente.

Nos Mercure sont dans les signes

....

et

....

Ce qui montre qu'on communique et qu'on réfléchit de manière : complémentaire - similaire - différente.

Liste de nos conjonctions, les astres qui se superposent sur notre synastrie :

....

et

....

et

....

et

....

et

....

et

....

À ce stade, que m'inspire cette compatibilité amoureuse ?

....

....

....

Quels sont nos points forts ?

....

....

....

Quels sont nos points de vigilance ?

....

....

....

LA COMMUNICATION EST LA CLÉ, MÊME EN ASTROLOGIE

Hey ! Ne panique pas si tu vois que de nombreux éléments de ta synastrie sont négatifs ou incompatibles. Cette analyse a surtout pour but de t'aider à prendre du recul, d'observer quels sont les potentiels points de friction entre toi et ton autre et d'aborder votre relation de façon plus consciente.

Si certains désaccords ou difficultés se confirment avec l'analyse de vos thèmes, c'est le bon moment pour en discuter et réfléchir ensemble aux solutions pratiques à mettre en place pour que votre couple s'améliore. Rien n'est immuable, et même si, parfois, des couples semblent ne pas partager grand-chose, ils peuvent tout de même suivre des voies similaires. Aucune rencontre n'est le fruit du hasard ; il faut simplement se rappeler que certaines âmes sont faites pour se rencontrer et avancer sur un bout de chemin ensemble, mais pas pour passer leur vie éternellement l'une à côté de l'autre. On a tou·te·s des leçons de vie à tirer des personnes qui croisent notre route et des relations qu'on construit, puis qu'on déconstruit.

Aussi, lorsque deux partenaires sont foncièrement différent·e·s et ont du mal à trouver un terrain d'entente, malgré la force et la sincérité de leurs sentiments, cela peut indiquer que c'est une première rencontre entre ces deux âmes. C'est-à-dire qu'elles ne se sont pas connues lors de vies antérieures et doivent apprendre à s'adapter l'une à l'autre et à faire sauter certains blocages ou certaines peurs ensemble. Une fois de plus, c'est l'ouverture d'esprit du couple et la capacité de chacun·e à prendre du recul et à faire des compromis qui déterminera la durabilité du couple.

Il est donc clair que la communication est un paramètre primordial pour la solidité du couple… et donc pour la compatibilité amoureuse.

Je t'invite donc à regarder de plus près où se situe Mercure sur ton thème. Comme on l'a vu, cette planète représente ta capacité de réflexion, ton intelligence et, surtout, ta communication. Les plus grands problèmes d'un couple sont souvent causés par un manque de communication, un manque de compréhension, voire des malentendus : connaître la façon dont Mercure fonctionne pour soi, pour son·sa partenaire, est donc très précieux.

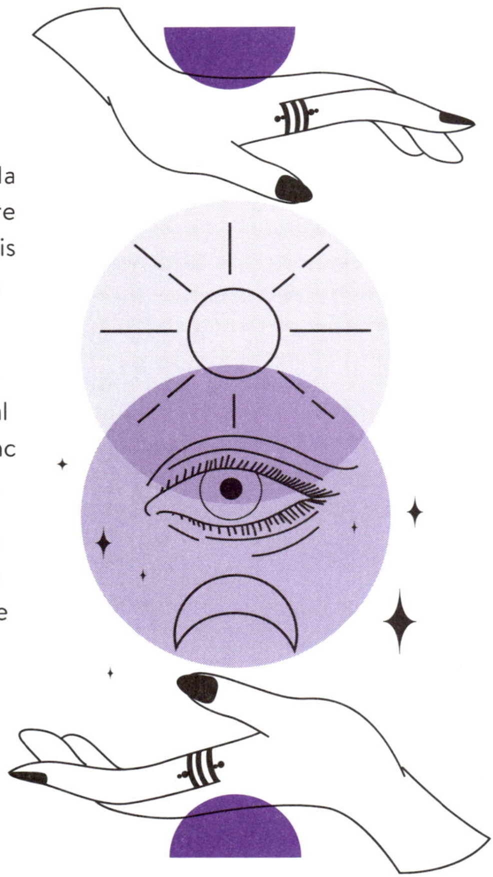

Voici une présentation de la façon de communiquer selon le placement de Mercure sur un thème natal

MERCURE EN BÉLIER rend le·la nati·f·ve plutôt bavard·e. Cela montre également que la personne a un mental rapide, vif et impulsif, ce qui se traduit par de la spontanéité et de la créativité. Ses paroles sont empreintes d'enthousiasme mais également de brusquerie. Parfois, l'individu manque de tact et de patience.

MERCURE EN TAUREAU montre la persévérance et la ténacité d'une personne, mais il fait aussi référence à son entêtement. Il donne un grand potentiel de concentration et de la constance, mais aussi un côté parfois trop cartésien. Têtu, il a du mal à accepter les points de vue différents du sien.

MERCURE EN GÉMEAUX fait écho à l'aisance relationnelle et à ses dons de communication. Il désigne l'intelligence et la facilité de compréhension ainsi que l'ouverture d'esprit. Parler avec une personne qui a Mercure en Gémeaux est agréable et favorise la recherche de solutions à deux.

MERCURE EN BALANCE représente la sociabilité, mais aussi la négociation. L'individu se voit doté d'une certaine éloquence et de facilités en communication et diplomatie : il aura un grand sens de la justice. Ce placement permet donc une discussion aisée et rend les compromis faciles à mettre en œuvre.

MERCURE EN SCORPION montre une grande profondeur d'esprit et un magnétisme peu commun. Le·la natif·ve est très instinctif·ve et il·elle se fie rarement aux apparences. Ce placement rend très têtu. La personne peut avoir du mal à s'ouvrir au point de vue de l'autre. Mais, lorsqu'on lui apporte des preuves de loyauté, il·elle s'adoucit.

MERCURE EN SAGITTAIRE est signe de grande ouverture d'esprit, d'extraversion et de sympathie. Le mental est libre, mais aussi parfois un peu trop brusque et franc. Il représente la vivacité d'esprit. La personne qui a ce placement s'adapte aux diverses situations et est prête à accueillir l'échange comme il se doit.

MERCURE EN CANCER est signe d'intelligence émotionnelle. Le·la natif·ve a une communication basée sur l'empathie et des dons pour sentir les énergies autour de lui·elle. Ce placement peut rendre timide et réservé. La personne aura donc du mal à exprimer clairement ce qu'elle ressent et peut se laisser influencer par les énergies des autres.

MERCURE EN CAPRICORNE montre la précision et la compétence de l'individu. C'est un Mercure très rigoureux, réfléchi et structuré. Il ne parle que pour des choses qu'il estime utiles. Cela peut donc être difficile de comprendre ce qu'il a sur le cœur. Il faut lui prouver qu'il peut avoir notre confiance et se sentir libre de s'exprimer pleinement.

MERCURE EN LION indique que la personne réfléchit en prenant en considération son cœur. C'est un Mercure extraverti, imposant, confiant et leader. Il fait preuve de grande franchise et de persuasion. Il peut se montrer assez têtu, même s'il prend tout de même en considération l'avis des autres.

MERCURE EN VERSEAU est signe de créativité, d'originalité et de sociabilité. C'est un Mercure atypique qui a des idées avant-gardistes. Le·la natif·ve est très indépendant·e et amical·e. Il.Elle a besoin de communiquer énormément au sein de ses relations et de se sentir sur la même longueur d'onde que les autres.

MERCURE EN VIERGE est signe d'un mental puissant, mais aussi d'une grande nervosité et de perfectionnisme. Le·la natif·ve aime se sentir utile et rendre service. Cela fait de la personne un·e bon·ne gestionnaire et quelqu'un qui est capable d'empathie et de compréhension.

MERCURE EN POISSONS est très artistique, mais aussi lunatique et rêveur. Le·la natif·ve a une extrême sensibilité et une grande réceptivité qui peuvent être utiles dans la vie privée et la vie professionnelle. La personne apporte un sentiment de sécurité et de réconfort à ceux qui sont autour de lui·elle.

LA DESTINÉE AMOUREUSE

Petit rappel de ce qui a déjà été vu lors de l'introduction : en astrologie, il existe des *prévisions* astrales – et non pas des *prédictions*.

Ainsi, on peut par exemple prévoir la probabilité d'une rencontre amoureuse au cours d'une année. Pour cela, on superpose une carte de révolution solaire à son thème natal : si la maison 7 (domaine du couple, association, mariage) du thème de la personne se superpose à la maison 5 (domaine des amours et de la vie affective) de la révolution solaire, cela signale qu'une rencontre amoureuse devrait se produire au cours de la nouvelle année en cours.

La révolution solaire est une carte du ciel qui peut être établie chaque année lors de ton anniversaire, en fonction de la position du Soleil dans le ciel à l'heure exacte de ta naissance. Elle permet de voir où se trouvent les autres planètes à cet instant et quel ascendant t'est assigné pour débuter cette nouvelle année. Il est ainsi possible d'obtenir des informations sur le déroulement de ton année ainsi que de repérer quels événements marquants sont susceptibles d'arriver durant les douze prochains mois.

LA RENCONTRE D'UNE ÂME SŒUR

La rencontre d'une âme sœur, c'est quoi ? C'est le fait de rencontrer quelqu'un·e qui appartient à ta famille d'âmes et avec qui tu as donc un lien profond et puissant.

Ici, ce sont les éléments karmiques de la synastrie qu'il faudra prendre en compte : cela concerne les nœuds lunaires (Nord et Sud), la Lune noire (Lilith) et Chiron, mais également Saturne et Pluton.

En effet, la rencontre d'une âme sœur se repère via les conjonctions de ces éléments karmiques avec des planètes individuelles ou d'autres astéroïdes dans la synastrie que tu as tirée. Par exemple, un nœud Nord superposé au Soleil de son·sa partenaire, doublé d'un Chiron qui se superpose à la Lune noire de l'autre, indiquerait que cette rencontre devait avoir lieu, notamment pour venir guérir une blessure émotionnelle d'un·e des partenaires et lui permettre de surmonter un blocage ou lui apporter des clés supplémentaires et nécessaires à son épanouissement. Je t'invite à regarder le glossaire page 266 pour les analyses des autres types de superpositions et leurs significations.

Attention : il ne faut pas tirer de conclusions hâtives face à l'interprétation karmique d'un thème de compatibilité amoureuse ; il doit présenter au moins trois points de superposition, et la signification de ces superpositions doit être similaire ou venir compléter les informations reçues avec l'une d'entre elles. Dans tous les cas, chère étoile, n'oublie pas que l'astrologie karmique est à prendre avec des pincettes, je te recommande donc de considérer ces informations comme des pistes de réflexion (et non des vérités) et de voir cela comme la partie la plus poétique d'un thème.

LA RENCONTRE KARMIQUE

Une rencontre karmique, c'est quoi ? C'est le fait de recroiser une âme que tu as déjà connue dans une autre vie. Je te laisse choisir si tu souhaites croire ou non à cette interprétation magique de l'astrologie...

Dans tous les cas, les synastries sur lesquelles on peut observer que les points karmiques (nœuds Nord et Sud, Lune noire, Chiron, Saturne et Pluton) se superposent sont généralement des relations intenses et à travers lesquelles les partenaires se voient sortir de leur zone de confort.

LE KARMIQUE, C'EST POSITIF OU NÉGATIF ?

La rencontre karmique est considérée comme « positive » lorsque les deux personnes s'entendent à merveille et ont parfois même cette sensation de se connaître depuis toujours. Ce sont souvent des êtres qui ont des chemins de vie similaires et qui (consciemment ou inconsciemment) s'entraident pour atteindre leurs objectifs en tant que binôme (voire couple), mais aussi leurs objectifs individuels. Ce type de rencontre est signalé par la conjonction des nœuds Nord à d'autres éléments de la synastrie.

Lorsque la rencontre est dite « négative », ce sont souvent les nœuds Sud, Lilith et les planètes karmiques (Saturne et Pluton) qui entrent en jeu. On observe des superpositions du type : nœud Sud/Saturne, ou Lilith/Vénus. Cela indique qu'une leçon doit être apprise ou comprise. Soit la rencontre se déroule très bien puis, malheureusement, la relation vire au chaos – ou du moins se termine sur un événement douloureux qui fera remettre en question les motivations des deux partenaires. Soit les deux personnes ont dès leur rencontre un mauvais feeling et n'arrivent pas à s'entendre.

Cependant, de belles histoires peuvent naître à travers des retrouvailles karmiques « négatives ». C'est le cas lorsque les partenaires sont prêts à se battre l'un pour l'autre et ont la volonté de faire table rase du passé (consciemment ou inconsciemment) pour construire quelque chose de nouveau et de positif ensemble.

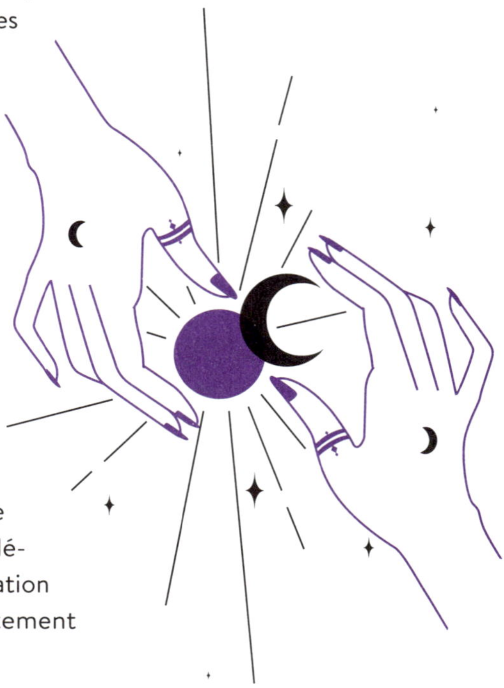

Une rencontre karmique offre toujours la possibilité de faire mieux que dans le passé. C'est une chance supplémentaire d'améliorer une relation déjà vécue et d'agir concrètement pour évoluer ensemble.

LE SAVAIS-TU ?

Le concept de **flammes jumelles** est directement lié à celui des âmes sœurs : selon ce concept, il s'agit de deux âmes destinées à se retrouver sur Terre, une fois que chacune a vécu de son côté de nombreuses vies et appris de ses multiples expériences. Elles sont ainsi censées se retrouver une fois qu'elles sont « prêtes » pour vivre une histoire d'amour fascinante et passionnelle.

Le concept des **âmes sœurs**, d'un point de vue traditionnel, remonte à la mythologie grecque. Selon la légende, Zeus aurait pris peur en voyant les hommes, qui, originellement, avaient deux têtes, quatre bras et quatre jambes. Le dieu de l'Olympe, craignant que ces êtres ne soient trop puissants et ne s'élèvent contre les divinités, les divisa en deux êtres distincts et les condamna ainsi à errer, des années durant, pour rechercher leur moitié « manquante »...

Si l'on en croit ces concepts, il n'existerait qu'une seule personne qui nous « complète » parfaitement. Cela part du postulat que, pour être parfaitement « entier », on a besoin de l'autre.

Pour ma part, je ne suis pas tout à fait d'accord avec cette croyance. En effet, le Soleil représente l'énergie masculine (yang), et la Lune, l'énergie féminine (yin) : cela prouve bien que nous avons tou·te·s en nous les deux types d'énergies et donc tous les outils en main pour nous compléter nous-mêmes. D'ailleurs, les thérapeutes holistiques avertissent bien que nous ne pouvons pas connaître le grand amour tant que nous ne sommes pas capables d'accepter nos deux parts (féminine et masculine) et de les équilibrer comme il se doit : avant même de rêver du mariage dans la vie matérielle, il faut déjà réaliser un mariage intérieur.

Aussi, je préfère parler de « familles d'âmes », ce qui indiquerait que nous appartenons tou·te·s à une famille spirituelle qui est constituée d'énergies similaires et complémentaires à la nôtre. Ces âmes sœurs se retrouvent autant en amour que dans le cercle familial ou encore dans les amitiés. On se sent comme « chez soi » entouré·e de ces personnes qui nous élèvent au quotidien vers notre chemin de vie.

LES AUTRES CARTES DU CIEL DE L'AMOUR

L'ÉVÉNEMENT OU LE JOUR DE LA RENCONTRE

Si tu désires aller encore plus loin, sache que tu peux aussi analyser le thème astral du jour où tu as rencontré ton *crush* ou de celui de votre premier rendez-vous officiel. Il est toujours intéressant de regarder si « les planètes étaient alignées » et donc favorables à cet événement. Un placement de Vénus ou de Jupiter dans un signe compatible avec ton signe solaire indique une belle rencontre ou, du moins, que la chance voulait être de la partie pour favoriser votre entente.

Par exemple, si le Soleil était en Sagittaire le jour de votre rencontre ou de votre mise en couple et que ta maison 5 (ou la sienne) est en Sagittaire, cela mettait donc en lumière le domaine de l'amour et de la vie affective (de l'un ou l'autre) lors de ce moment clé.

LE THÈME COMPOSITE

Cette carte assez particulière est un mélange de ton thème astral avec celui de la personne de ton choix. Son analyse permet de mieux cerner l'essence même de la relation car il s'agit de faire la carte du ciel de cette relation, comme s'il s'agissait d'une personne, en analysant ses forces et ses faiblesses.

ET MOI ?

Pour obtenir le thème composite de ta relation, je t'invite à te rendre sur le site Astrotheme.fr, dans la rubrique « Compatibilité », puis « Calcul du thème composite ».

Le Soleil et la Lune sont très importants à prendre en considération sur ce type de carte du ciel. En effet, le Soleil donnera le « ton » de la relation en fonction du signe dans lequel il se trouve, tandis que la Lune parlera de l'intimité et du type d'émotions partagées. Et l'aspect formé par les deux astres indiquera si la relation est douce, passionnée ou plutôt conflictuelle.

La maison dominante du thème composite (celle où il y a le plus de planètes) désignera le(s) domaine(s) où le couple aura le plus de choses à partager et/ou à gagner via cette relation. Par exemple, si l'axe de la vie affective et des relations (maisons 5 et 11) est dominant, cela peut indiquer que la relation est durable, car il y aura un partage d'émotions et des rencontres communes, voire une possibilité d'enfants avec la maison 5 mise en avant.

Le Chiron et la Lilith (Lune noire) du thème composite parleront quant à eux des blessures et des épreuves à surmonter au sein de la relation.

Encore une fois, prendre connaissance et conscience des choses qui fonctionnent (ou fonctionnaient) très bien et de ce qui va moins bien au sein d'une relation est une opportunité à saisir : c'est une chance de t'améliorer pour le futur.

CONCLUSION
L'amour astral

La sonnette va bientôt retentir… Elle va te permettre de retourner à ta vie, à tes occupations et à tes activités quotidiennes. Presque comme si rien n'avait changé. Car c'est le cas, rien n'a changé… sauf toi.

Aujourd'hui, te voilà plus éveillée et nettement plus consciente de ta spiritualité et de ton petit monde intérieur qui te façonne. Désormais, tu vois peut-être l'amour sous un autre jour, même s'il te reste encore pas mal de leçons à apprendre et à vivre. La vie n'est qu'expériences. À toi de faire en sorte que chacune d'elles soit enrichissante. Et n'oublie pas, même si tu es une grande amoureuse, que la seule personne qui peut réellement faire bouger les choses au sein de ta vie se trouve tout simplement dans ton miroir.

Enfin, que tu aies connu des déceptions amoureuses, des amours écourtées, des drames familiaux, des ruptures brusques ou soudaines ou toute expérience qui a blessé – de près ou de loin – ton cœur et ta confiance en toi, sache que tu as la capacité de te régénérer, d'aller de l'avant, de panser la blessure, puis de la soigner pour finalement la transformer en cicatrice que tu regardes, de temps à autre, avec le sourire aux lèvres et la nostalgie de ces mois et de ces années passées. Des mois et des années qui t'ont rendue plus forte, plus sage, plus éveillée.

Accepte de rouvrir ton cœur et d'accueillir la magie d'une relation : l'amour nécessite de prendre des risques et de montrer sa vulnérabilité à l'autre. Si tu tombes, relève-toi, guéris-toi et, forte de tes apprentissages, choisis d'accepter une nouvelle main tendue vers toi pour créer quelque chose de beau à deux, que cela soit bref ou long… ou même que cela dure jusqu'à ton dernier souffle. Répète-toi quotidiennement que tu mérites amour, gratitude et abondance. Car tu es unique, précieuse, et remplie de la lumière du ciel.

Tu es amour et bienveillance, alors ne doute jamais de ta magie et de ce que tu peux réussir à achever grâce à ton minicosmos.

Prends soin de toi, chère étoile.

« Tout comme la Lune,
tu es actuellement en train
de passer à ta phase suivante. »

RITUEL : LE TIRAGE DE L'AMOUR

Avant de te laisser quitter la bulle magique que nous avons partagée au fil de ces pages, je souhaite suspendre le temps avec toi. Rien qu'une minute. Pour que tu puisses, à travers les cartes, avoir un autre aperçu de ce qui est achevé et de ce qui est encore à construire, là, maintenant.

Pour ce rituel, je t'invite à utiliser ton oracle favori. Tu ne sais pas ce que c'est ? Un oracle est un jeu de cartes intuitif, que tout le monde peut pratiquer pour soi. C'est un outil de développement personnel qui t'aide à répondre aux questions que tu te poses et, surtout, qui sert de guide introspectif. En effet, l'oracle sert à faire remonter une réponse qui se trouvait déjà en toi et t'aide à matérialiser tes pensées. Le nombre de cartes varie d'un oracle à un autre, tout comme la thématique et le guide d'utilisation – qui est propre à chaque jeu de cartes. On peut trouver des oracles basés sur le thème des fées, de la femme, de la Lune, de la confiance en soi, etc. Le tirage de ces cartes peut se faire quotidiennement.

Le but de ce tirage est d'explorer ta vie amoureuse autour de ses trois grandes périodes : le passé, le présent et, bien sûr, l'avenir.

- Prends ton jeu de cartes (ton oracle) favori.
- Ferme les yeux.
- Inspire et expire profondément trois fois.

> Place ta paume sur le jeu de cartes et appuie de tout ton poids dessus afin de chasser les ondes négatives.

> Bats, puis choisis-en trois, avec la main gauche – qui est la main du cœur.

> Place la première devant toi, à gauche.

Cette première carte représente ce qui est achevé, compris, et ce qui doit être laissé dans le passé.

> Place la deuxième carte à droite de la première.

Cette deuxième carte représente où tu en es dans ta relation avec le concept d'amour. Elle signale ce qui a besoin d'être assimilé et (re)travaillé pour te permettre de mieux t'épanouir sur le plan de l'amour envers l'autre, mais aussi envers toi-même.

> Place la troisième et dernière carte à droite de la deuxième.

Cette troisième carte représente ce qui peut être accompli prochainement si tu acceptes de clôturer le chapitre qui est en cours. C'est une suite et une réponse au message de la deuxième carte. Elle te demande de t'ouvrir pour arriver à ce résultat final.

Glossaire

Ce glossaire est un récapitulatif des significations de chaque interaspect visible sur une carte de synastrie. Cela t'aidera à mieux déchiffrer cette carte complexe et à ajouter des réflexions et des hypothèses à ton analyse de base.

Les Soleil, les ascendants et les descendants vont être des indices supplémentaires pour voir si une relation peut durer dans le temps.

RAPPEL DES INTERASPECTS

Deux planètes sont en aspects positifs (en bleu sur la carte) si :

- elles forment un angle entre 0 et 12° : on dit qu'elles sont conjointes (ou en conjonction)
- elles forment un angle de 60° : on dit qu'elles sont sextiles
- elles forment un angle de 120° : on dit qu'elles sont trigones

Deux planètes sont en aspects négatifs (en rouge sur la carte) si :

- elles forment un angle de 90° : on dit qu'elles sont en carré
- elles forment un angle de 180° : on dit qu'elles sont en opposition

LES INTERASPECTS **DU SOLEIL**

Les deux Soleil des partenaires représentent leur individualité, le respect qu'ils se portent l'un·e à l'autre et leurs objectifs à deux.

Conjonction Soleil + Soleil (souvent dans le même signe) : compréhension aisée entre les deux partenaires, mais souvent il manque du piment si les autres placements sont très similaires aussi. Plus probable en relation amicale qu'amoureuse. Cela peut créer, en couple, une irritation mutuelle sur le long terme si la surprise ne vient pas dynamiser la relation.

Sextile ou trigone (aspect positif) Soleil + Soleil : les partenaires fonctionnent sur un mode vibratoire similaire. Compréhension rapide, facile, soutien mutuel et évolution commune.

Opposition (signes complémentaires) Soleil + Soleil : les partenaires se complètent, et leurs énergies se rechargent au contact de l'autre. Buts similaires, mais les habitudes au quotidien sont nettement différentes. Cela peut stimuler l'attraction entre les amoureux·ses, mais aussi créer des conflits si l'ouverture d'esprit n'est pas assez présente au sein du couple.

Carré (aspect négatif) Soleil + Soleil : les conflits peuvent régulièrement survenir. Les énergies des deux individus sont très différentes et ne s'allient pas facilement. Il faut donc jouer sur les potentiels placements favorables entre les Lune et Vénus pour venir contrecarrer ce premier aspect négatif.

N.B. : L'entente est souvent difficile aussi entre deux personnes nées sous des signes successifs – qui sont souvent des signes aux tempéraments bien différents.

BONUS L'aspect de quinconce (aspect de 150° tout pile, souvent en vert sur Astrotheme.fr) entre deux Soleil indique un lien d'appartenance de l'un·e envers l'autre ainsi qu'un sentiment de responsabilité et de sécurité. Il y a une demande de services échangés entre les deux partenaires. Cela résulte peut-être d'un lien karmique si d'autres éléments du thème le confirment (voir ci-dessous).

LES INTERASPECTS **DE LA LUNE**

Les deux Lune des partenaires représentent leur intimité et la façon dont ils échangent ensemble sur le plan émotionnel.

Conjonction Lune + Lune (souvent dans le même signe) : très bel aspect, voire l'un des meilleurs en synastrie. Souvent observé dans le cadre amical et familial également. En effet, lorsque les Lune sont superposées, cela montre qu'on aime partager le même type d'intimité et qu'on construit son foyer d'une manière similaire. Cela peut aussi signifier un passé antérieur commun (dans cette vie-ci et/ou dans une autre si on parle d'astrologie karmique). Les émotions sont sur le même mode vibratoire.

Sextile ou trigone (aspect positif) Lune + Lune : les partenaires communiquent intuitivement, même sans se parler, ils·elles se comprennent en un seul regard. Il y a beaucoup de complicité et de compréhension.

Opposition (signes complémentaires) Lune + Lune : les amoureux·ses se complètent sur le plan émotionnel. Cela demande un petit temps d'adaptation, mais c'est un indicateur de grande complémentarité si les différends sont compris et que la communication émotionnelle règne au sein du couple. Ils·elles échangent énormément au sein de leur bulle.

Carré (aspect négatif) Lune + Lune : les disputes à cause de malentendus peuvent survenir. En effet, l'un·e et l'autre auront du mal à se comprendre sur le plan des émotions et souhaiteront construire des choses différentes au sein de leur foyer. Il peut y avoir beaucoup d'impulsivité et d'impatience dans un couple qui a des Lune dites « incompatibles ».

BONUS Si les Soleil et les Lune ne sont pas compatibles (Soleil + Soleil en carré ou Lune + Lune en carré), on va regarder si croiser les luminaires (Soleil de l'un·e + Lune de l'autre) donne un aspect compatible. Si oui, alors cela indiquera que, malgré les grandes différences entre les deux individus, une entente est possible. Elle est à creuser en regardant de plus près les placements de Vénus, Mars et Mercure.

N.B. : La personne qui aura son Soleil compatible avec la Lune de l'autre sera sûrement la personne qui prendra le plus d'initiatives au sein du couple. Tu sais, la fameuse expression : « C'est moi qui porte la culotte »…

INTERASPECTS **DES ASCENDANTS-DESCENDANTS**

Les deux ascendants des partenaires représentent une grande part de leur personnalité et de leur chemin de vie. Tout comme pour le Soleil et la Lune, il est important de veiller aux interaspects qui sont visibles sur l'axe ascendant-descendant.

Conjonction ascendant + ascendant (souvent dans le même signe) : les personnalités des deux individus sont similaires, et cela facilite leurs échanges et la communication dans leur couple. Ils·elles ont des objectifs qui vont dans le même sens et sûrement un vécu ainsi qu'une enfance qui se ressemblent.

Conjonction ascendant + descendant (souvent dans le même signe) : un des meilleurs aspects en thèmes comparés. En effet, cela montre que la personnalité (ascendant) de l'un·e correspond à ce que l'autre recherche dans une relation de couple ou d'association. Si d'autres aspects le confirment, cela peut même déboucher sur un mariage ou un pacs (maison 7 = mariage, couple). Dans tous les cas, cela est un excellent indicateur de durabilité.

N.B. : La conjonction ascendant + descendant indique que les signes ascendants des partenaires sont dans un aspect d'opposition – et donc en signes complémentaires.

Sextile ou trigone (aspect positif) ascendant + ascendant : les partenaires sont complices et sont perçus de manière similaire dans la sphère sociale. Ils peuvent également avoir les mêmes habitudes et le même cercle d'amis.

N.B. : Si les ascendants sont dans un aspect de trigone, alors les descendants le seront aussi.

Carré (aspect négatif) ascendant - ascendant : les partenaires s'expriment de manière différente et peuvent avoir eu du mal à entrer en contact au premier abord. Ils·elles n'ont pas les mêmes habitudes et ne proviennent pas de milieux similaires. Cependant, cela peut permettre d'ajouter de la couleur et du piment à la relation si les deux partenaires sont prêt·e·s à trouver un langage de l'amour commun.

N.B. : Si les ascendants sont dans un aspect de carré, les descendants le seront aussi.

BONUS Les conjonctions du type « ascendant – Milieu de Ciel » ou encore les conjonctions « ascendant – Fond de Ciel » sont généralement bénéfiques pour l'entente du couple. La relation favorisera l'ambition et les motivations professionnelles de l'autre (avec le MC) ou la possibilité de fonder un foyer ensemble (avec le FC).

LES INTERASPECTS **DE VÉNUS**

Les Vénus des partenaires représentent leurs valeurs, leurs goûts (musicaux, gustatifs, etc.) et, surtout, la manière dont les sentiments sont exprimés et partagés.

Conjonction Vénus + Vénus (souvent dans le même signe) : les valeurs partagées sont identiques ou similaires, et les sentiments sont facilement compris au sein du couple, sans qu'on ait besoin de recourir à de grands discours. La vie sociale et les loisirs se vivent de la même manière. Les partenaires peuvent avoir des attitudes similaires également.

Sextile ou trigone (aspect positif) Vénus + Vénus : les partenaires communiquent facilement les sentiments qu'ils éprouvent l'un·e envers l'autre. Cela facilite l'envie de trouver des compromis lorsqu'il y a des conflits ou des disputes. Il y a une bonne entente, et les goûts de l'un·e et de l'autre sont assez similaires.

Opposition (signes complémentaires) Vénus + Vénus : les amoureux·ses sont attiré·e·s l'un·e vers l'autre comme des aimants. L'attraction et la passion sont fortes – et cela, malgré les différences flagrantes entre les deux individus. Ces différences peuvent créer des tensions et des disputes, notamment lorsqu'un malentendu interfère dans le partage des sentiments. Mais cela peut être très épanouissant sur le long terme.

Carré (aspect négatif) Vénus + Vénus : cela altère souvent la durabilité d'un couple. Il est très rare de voir des couples, en dehors des flirts, qui ont un aspect de carré entre les deux Vénus, car cela implique que les partenaires n'expriment pas leur amour de la même manière : ils·elles ne développent donc pas un langage de l'amour commun. Cependant, cela peut tout de même arriver si de beaux aspects entre Lune-Vénus ou Mars-Vénus sont visibles sur la synastrie.

BONUS La conjonction Soleil-Vénus entre deux partenaires montre que les énergies « féminines » de la personne qui a son Soleil sous la Vénus de l'un·e correspondent à ce que l'autre cherche sur le plan sentimental.

LES INTERASPECTS **DE MARS**

Les Mars des partenaires représentent les activités partagées au sein du couple, leur capacité d'action et leur attraction sexuelle.

Conjonction Mars + Mars (souvent dans le même signe) : l'énergie du couple est au beau fixe. Les désirs sont similaires et s'expriment sur le même mode, la compatibilité sexuelle n'est donc pas un problème. Cependant, cela peut aussi créer de la rivalité, voire de l'impatience.

Sextile ou trigone (aspect positif) Mars + Mars : les partenaires partagent une ou plusieurs activités communes qui participe(nt) à leur bonne entente. L'entente se profile comme il se doit sur le plan sexuel.

Opposition (signes complémentaires) Mars + Mars : le couple se désire fortement et de manière passionnée. Les partenaires sont attiré·e·s l'un·e vers l'autre et ne peuvent se le cacher. Cependant, il faut apprendre à maîtriser et canaliser les désirs, car cela peut déboucher sur des conflits et de la jalousie.

Carré (aspect négatif) Mars + Mars : les désirs et les sentiments peuvent entrer facilement en conflit. Les partenaires ne partagent pas d'activité commune – ou alors très peu. Il peut y avoir de l'impatience et/ou une difficulté à coopérer avec l'autre quand il le faut.

BONUS Les interaspects entre Vénus et Mars viennent apporter des précisions sur la compatibilité sexuelle et le désir au sein du couple. Cependant, il est bon de noter que plus l'attraction est présente, plus la jalousie et la possessivité peuvent exister au sein du couple.
La conjonction Soleil-Mars entre deux partenaires montre que les énergies « masculines » de la personne qui a son Soleil sous le Mars de l'un·e correspondent à ce que l'autre cherche sur le plan sexuel.

LES INTERASPECTS **DE MERCURE**

Les Mercure des partenaires représentent la communication, la réflexion et l'intellect au sein du couple.

Conjonction Mercure + Mercure (souvent dans le même signe) : l'entente du couple est au beau fixe. Les partenaires partagent facilement le même point de vue et sont d'accord sur de nombreux sujets. Les malentendus s'avèrent rares.

Sextile ou trigone (aspect positif) Mercure + Mercure : les partenaires partagent divers points de vue et ils sont rarement en conflit. Au contraire, la présence de l'autre est stimulante sur le plan intellectuel. Ils discutent ensemble de tout et de rien.

Opposition (signes complémentaires) Mercure + Mercure : les deux individus partagent des valeurs similaires, mais ont des points de vue très différents – pour ne pas dire opposés. Cela développe leur intellect et leur sens de la communication, mais cela peut être source de disputes aussi lorsqu'un·e des deux partenaires reste fermement sur ses positions.

Carré (aspect négatif) Mercure + Mercure : la communication est conflictuelle. Les partenaires s'interrompent souvent l'un·e l'autre et trouvent difficilement des compromis. Cependant, cela peut aussi permettre une plus grande ouverture d'esprit et l'envie de trouver des activités ou des petits jeux qui permettent de mieux communiquer à deux.

N.B. : S'il n'y a pas d'aspect visible entre les Mercure, on regardera alors dans quels éléments (feu, terre, air, eau) ils se situent.

BONUS Si Mercure est superposé au Soleil, à la Lune ou à la Vénus de l'autre partenaire, cela favorise davantage la communication.

LES INTERASPECTS DE **JUPITER ET DE SATURNE**

Les placements de Jupiter et de Saturne se trouvent régulièrement dans les mêmes signes ou dans des signes successifs si les partenaires appartiennent à la même génération. Ce qui, fondamentalement, favorise l'entente entre les deux parties.

Cependant, on veillera tout de même à voir si les interaspects entre Jupiter et le Soleil ou la Lune, Vénus ou encore l'ascendant sont très positifs. Notamment car Jupiter représente l'expansion et la loi. Cette planète est un indice supplémentaire concernant la potentielle durabilité du couple. Elle permet de voir si le couple s'officialisera ou restera dans l'ombre. Les interaspects entre Jupiter et le Milieu de Ciel peuvent être pris en considération également.

N.B. : Jupiter représente également la confiance en soi. La superposition du Jupiter de l'un sur le Soleil, l'ascendant ou la Lune de l'autre peut montrer que cette relation favorise la confiance en soi d'un·e des partenaires, par exemple.

Concernant Saturne, ses interaspects sont importants à regarder pour observer la durabilité et la stabilité d'un couple. Si un luminaire (Soleil, Lune) ou une planète individuelle (Vénus, Mars, Mercure) de l'un·e est touché·e par le Saturne de l'autre, cela montre qu'il y a un potentiel sentiment de sécurité qui peut s'installer entre les deux partenaires et une envie de construire une relation à long terme. Souvent, la personne qui a Saturne superposé au luminaire ou à la planète individuelle de l'autre se sent responsable de son·sa partenaire à certains niveaux : affectif, émotionnel ou encore financier. Tout dépendra de la planète qui se trouvera sous la superposition de Saturne.

Il est également possible que la personne qui est affectée par Saturne (donc la personne qui a une planète personnelle touchée par le Saturne de son binôme) ressente, au début, des difficultés à être avec l'autre. Elle peut se sentir bloquée, craintive ou contrainte d'aimer l'autre. C'est souvent un des premiers indices karmiques repérés sur une analyse de synastrie. Par exemple, si Saturne se superpose à la Vénus de l'autre, il y a peut-être, indirectement, une leçon de vie qui doit être apprise sur le plan sentimental à travers cette relation (et peut-être même un passé antérieur commun entre les deux individus – si on est à l'aise avec ce concept). Il ne faut pas oublier que Saturne est symbole de leçons dispensées : elle fait peser des responsabilités sur la personne qui est touchée par son placement.

LES INTERASPECTS **D'URANUS, DE NEPTUNE ET DE PLUTON**

Comme ces trois planètes sont dites « générationnelles », on observera leurs interaspects avec beaucoup de recul car elles seront régulièrement conjointes ou dans le même signe si les partenaires sont issu·e·s de la même génération.

Uranus indique, dans une synastrie, un potentiel coup de foudre entre les partenaires lorsqu'il est superposé à la Vénus ou à la Lune de l'autre partenaire. C'est un signe d'attraction forte.

Généralement, les superpositions d'Uranus sur une planète individuelle viennent « intensifier » les sentiments, les échanges ou le partage au sein du couple – parfois même de manière excessive. D'ailleurs, les conjonctions Uranus-Mars et les carrés avec ces mêmes planètes invitent à la vigilance, car Mars représente l'action, les désirs, mais aussi la violence : cela peut donc déboucher sur de la violence entre les partenaires si la passion n'est pas maîtrisée.

Neptune montre dans quels domaines le couple peut entretenir certaines illusions et, parfois, tomber de très haut lorsqu'il y a des conflits. Mais, dans ses aspects positifs, elle peut indiquer, comme Saturne, un sentiment de responsabilité et une belle complicité, comme Jupiter.

Enfin, Pluton va parler du pouvoir de séduction, de sexualité pure et dure et des vives passions qui ne sont pas montrées au grand jour. Il peut aussi indiquer l'attraction, presque hypnotique, qu'un·e des partenaires peut avoir sur l'autre.

Si ces trois planètes sont à étudier avec beaucoup de recul, elles sont, dans certains cas, au contraire, à prendre grandement en considération. Cela concerne notamment la position de maître d'ascendant pour l'un·e ou l'autre des parties du couple :

- Uranus est maître d'ascendant pour le·la partenaire qui a le Verseau comme signe ascendant.
- Neptune est maître d'ascendant pour le·la partenaire qui a le Poissons comme signe ascendant.
- Pluton est maître d'ascendant pour le·la partenaire qui a le Scorpion comme signe ascendant.

Dans ces trois cas, il sera important d'observer si une conjonction avec une planète individuelle de l'autre personne a lieu. En effet, ces planètes ont tendance à faire sombrer dans les excès et donc à générer des conflits entre les partenaires.

RAPPEL

Uranus joue sur l'inattendu, l'indépendance et l'excitation, voire la brutalité.
Neptune stimule la rêverie, l'idéalisation et les addictions.
Pluton hypnotise, manipule et/ou transforme ce qu'il touche.

LES INTERASPECTS **DES ASTÉROÏDES**

Ces éléments sont à prendre avec autant de recul que les planètes générationnelles. En effet, on parle ici d'interprétations « karmiques ». Même si leurs indications peuvent être très pertinentes et aider à mieux comprendre certains événements qui paraissent peu rationnels – par exemple, un coup de foudre ou une rupture à laquelle on ne peut se résoudre – la Lune noire (Lilith), Chiron et les nœuds lunaires sont à étudier avec un certain recul sur une carte de synastrie.

Comme la Lune noire représente la blessure émotionnelle d'un individu, on veillera à observer si elle entre en conjonction avec un luminaire, une planète individuelle ou même le Saturne de l'autre personne. Si oui, cela vient bien souvent montrer que la personne « blessée » se nourrit, consciemment, mais plus souvent inconsciemment, des énergies de l'autre pour guérir et panser sa blessure. Cela peut, toutefois, se révéler très positif si les deux amoureux·ses sont prêt·e·s à s'unir pour contrer les divers obstacles à leur relation. Mais, parfois, cela se révèle très « énergivore » pour la personne qui essaye d'aider l'autre à surmonter sa ou ses blessure(s).

Si Chiron est superposé à la Lune noire, cela indique une relation plus fluide et épanouissante. En effet, en tant que principe guérisseur, Chiron excelle dans l'art du soin et permet de guérir la blessure. On parle souvent de « dette karmique », car on considère que les deux âmes se seraient déjà rencontrées et que l'une d'elles viendrait racheter dans cette vie-ci une faute commise dans le passé. Cette dette peut être d'ordre affectif, sentimental ou autre.

Pour les nœuds lunaires, on regardera les potentielles conjonctions qui existent entre eux et les planètes ou les astéroïdes de l'autre. Attention, si les partenaires sont nés à quelques jours ou à quelques mois d'intervalle, il est possible que les nœuds lunaires soient identiques.

Lorsque le Nœud Nord est touché par un luminaire (en conjonction avec le luminaire), une planète individuelle ou Chiron, cela montre que la rencontre devait avoir lieu : ce n'est pas le fruit du hasard. C'est encore plus le cas lorsque les deux Nœuds Nord du couple sont touchés. C'est un aspect très favorable qui peut se révéler particulièrement durable dans le temps. D'ailleurs, on dira même que les deux êtres s'aident respectivement sur leur chemin de vie et qu'ils se soutiennent mutuellement vers la réussite.

N.B. : Les conjonctions Nœuds + ascendant indiquent une rencontre positive.

Lorsque le Nœud Sud est touché par un luminaire, une planète individuelle ou Chiron, cela montre que la rencontre a peut-être déjà eu lieu dans le passé lors d'une vie antérieure. Ce sont des retrouvailles, généralement heureuses, même si des conflits peuvent apparaître au premier abord pour régler le karma du passé.

N.B. : Le Nœud Sud, qui est toujours situé à 180° (en face) du Nœud Nord, n'est pas affiché sur le site Astrotheme.fr, mais il est visible sur le site Astro.com.

Dans les deux cas de figure ci-dessus, les partenaires ont souvent l'impression de se connaître depuis toujours et s'entendent à merveille.

Lorsque le Nœud Nord et/ou le Nœud Sud est (sont) touché(s) par une planète lente ou générationnelle, voire par la Lune noire, la rencontre est souvent perçue comme plus négative et difficile à vivre. Comme s'il existait un contentieux entre les deux partenaires, quelque chose qui doit être intégré et appris : une leçon de vie. La relation peut être durable si les deux partenaires s'allient pour que tout se passe pour le mieux.

BONUS Il est intéressant d'observer que, même si les aspects karmiques d'un thème sont à prendre avec du recul, la majorité des couples mariés ou des couples qui durent depuis très longtemps ont des interaspects avec leurs nœuds lunaires.

Remerciements

Merci à toutes les âmes que j'ai pu croiser au cours de cette vie jusqu'à présent. À celles qui m'ont permis de faire rayonner des parties de ma personnalité que je gardais enfouies au plus profond de moi…

Je souhaite également remercier toutes celles qui m'ont fait de la peine, car elles m'ont permis d'évoluer et de comprendre pourquoi je désirais me lever chaque jour.

Je souhaite envoyer des baisers étoilés à mes âmes sœurs, qui partagent ma vie depuis plus d'une décennie, Luana, Florence, Kelly, Laura… Et à Lucia, Rosalie et Orosca, âmes sœurs plus récentes car je sais qu'on passera les prochaines décennies ensemble également.

Je souhaite envoyer un câlin intergalactique à ma grand-mère, qui a toujours cru en ma plume et qui m'a permis d'exploiter ce don sans jamais cesser de croire en moi. Tout comme ma marraine, qui m'a relue à maintes reprises lorsque j'étais adolescente et que je rédigeais mes poèmes pour le cours de français… Merci également à ma mère car, même si nos liens sont brisés aujourd'hui, c'est elle qui m'a initiée à la magie et au féminisme. Et je ne me serais sans doute jamais reconnectée à l'astrologie sans elle.

Enfin, un merci tout particulier à mon fiancé de cette vie et d'une autre, Vincent, qui écrit chaque jour avec moi les nouveaux chapitres de notre histoire.

Astro

LOVE

Imprimeur Grafica Veneta,
achevé d'imprimer en Italie en décembre 2020.

Dépôt légal janvier 2021.